JN410181

마라 강과 가브 강

김양희 수필집

김양희 제4수필집

마른 강과 가본 강

수필과비평사

| 여는 글 |

하루하루
색깔이 다른 천을 짜면서
나날이
다른 무늬의 그림을 그립니다.
오뇌와 폭풍의 마라 강과
풍요와 안일의 가브 강을
수시로 드나들며
종내에는 꺼지고야 말
펄럭이는 촛불 하나 바라봅니다.
갈증처럼 채워지지 않는
선행 · 관용 · 여유
이런 것들을 추구하면서
어느 때는
빈 의자에 앉아
다문다문 살아가는 얘기도 하고 싶었지요.
여기
그런 얘기들을 풀어놓습니다.

2011년 유월에

雲香 김양희

| 차례 |

쉼표

단상

기 행

일상

신념

쉼표

문학의 행위도 그러하지만 모든 예술의 자체란 삶 속에 있으면서도 동시에 삶을 넘어선 도달할 수 없는 '그 무엇'이다. 무형의 그 무엇을 행해야 하는 예술가들이기에 창작의 고통을 수반한다. 백지 위에 문자를 채워 넣는 그 아득한 목마름의 고뇌를 체험하지 않은 문학가가 어디에 있으랴.

문

문門을 열어보니 어머니는 잠들어 있었다. 그게 이승과의 마지막이었다. 세상과의 연緣을 문 하나 사이로 마감한 것이다. 숨지기 전 자식들이 저 문을 열어주기를 엄마는 얼마나 애타게 기다렸을까. 문은 세상과의 소통이요 자신을 열어보이는 통로였다. 열림은 오는 것이요, 닫힘은 가는 것이다. 열린 문은 닫히게 마련이듯이 온 사람 또한 가게 마련이다. 그러기에 문은 인생이요 작별이요 또 다른 세상과의 만남이기도 하다.

그러나 문은 마지막이 아니요 시작이다. 더러는 입시의 문을 통해 청운을 꿈꾸기도 하고, 인과의 연을 통해 배필을 만나기도 하기 때문이다. 일찍이 짝을 만나 생활의 이삭들을 빨리 거두는 이가 있는가 하면 학문이나 환경, 운명 때문에 늦게서야 가정을 꾸리는 이들도 있다. 사람은 제 복을 타고 나는지 어릴 때 부모님은 늘상 '무겁지 않은 복을 지녀라.' 고 말씀하시곤 했다. 그러나 그 분복分福이라는 것도 저마다의 그릇이 있어서 보이지 않는 복을 기다린다는 일은 오지 않는 어제를 기다리는 것과도 같은 일이었다.

'삐그덕' 하고 열리던 곳간의 문은 곡물로 채워진 온갖 생명의 보고였다. 차고 어둑시근한 공간에 들어서면 단지마다 차 있던 쌀, 보리, 찹쌀과 콩이나 겨울이면 말랑하고 달콤한 홍시가 감춰져 있기도 했다. 할머니는 허리춤에다 길쭉한 무쇠 열쇠를 매달아 손자들에게 호기있게 간식을 나눠주곤 했는데 어머니의 손에 곳간 열쇠가 돌아온 것은 십수 년 인고의 세월이 흐른 후였다.

무시로 드나드는 문이지만 열쇠를 잃고 나면 낯선 세상에 선 듯 아득해질 때가 있다. 침묵피정의 수도원에서 어느 날, 내 방의 문이 열리지 않아 난감했던 적이 있었다. 문고리만 쥐면 언제나 호락호락 문이 열릴 줄만 알았던 안일한 생각이 부른 실수였다. 어둡고 긴 복도의 서성임을 통해 세상이 얼마나 낯선 여관방인지 실감한 일이었다. 그러나 세상 시간의 여백을 위해 수도원의 문은 언제나 열려있다. 그늘 없는 믿음과 그 믿음에서 오는 평온이 그리울 때면 가끔씩 침묵피정을 떠나도 좋을 것이다.

사는 일이 절벽에 선 듯 아득해질 때 빛처럼 희망을 준 것은 '한쪽

문 닫히니, 다른 쪽 문 열린다.'는 금언이었다. 나는 이 말을 수첩에 적어 다니며 스스로 뇌에 입력시키곤 했다. 반복 훈련의 과정을 통해 세뇌된 힘과 신념은 운명을 그쪽으로 바꾸어주었다. 열린 문은 희망이요, 닫힌 문은 절망이다. 어떤 문을 택할 것인가는 스스로가 정할 일이다. 마음의 손잡이는 안에만 달려있어서 남은 열어줄 수 없고 자신만이 열 수가 있기 때문이다.

우리 마음안에는 네 개의 창이 있다고 한다. 내가 알고 남도 아는 창, 나도 모르고 남도 모르는 창, 나는 아는데 남은 모르는 창, 남은 아는데 나는 모르는 창, '조하리의 창'이라는 이 네 개의 창을 통해 우리는 세상을 바라본다고 했다. 창문을 통해 내면을 보고 거울을 통해 외면을 바라본다. 독수리의 눈으로 삶을 바라본다면 세상은 폭넓게 보일 것이요, 메뚜기의 눈으로 바라보면 근시안적으로밖에 보지 못할 것이다. 나는 곧잘 편협한 생각에 갇혀 스스로를 괴롭힐 적마다 내 안에 있는 메뚜기의 시선을 느끼곤 한다.

인간 심성에서 표출하는 욕구와 분노의 문은 죄와 양심의 사이를 오가는 저울이 되기도 한다. 수행자라 하여 마음에 지옥이 없을 수 없으며, 죄인이라 하여 그 마음에 천국을 꿈꾸지 말란 법도 없을 것이다.

교도소를 방문한 적이 있다. 재소자 문예공모전을 위한 걸음이었다. 교도관이 지키고 선 커다란 철문을 기점으로 담 안과 밖이 분리되고 있었다. 우리가 준비한 음식이나 상품은 또 다른 문을 통해 검

열되는 듯했다. 죄와 벌이 가려지는 곳. 그들은 왜 그곳에 와 있는가. 태어남에 선택이 없듯이 누구도 원해서 거기 온 사람은 없을 것이다. 결손가정, 생활고, 이념, 욕심, 원한, 폭력…. 죄를 잉태하는 이름들은 많지만 사회의 시선은 얼음같이 차갑기만 하다.

그들 가운데 자주 눈이 가는 한 사람이 있었다. 반듯한 이마와 단정한 머리 모양, 흰 피부 때문에 수의는 더 푸르게 보였다. 그는 단상을 지그시 바라보고만 있을 뿐 미동도 하지 않았다. 가끔씩 성가를 따라 부르며 엷게 웃는 듯도 했다. 검은 테 안경 사이로 스치는 지성의 향기, 그 맑은 영혼 어디에도 죄의 구석은 있을 것 같지 않았다. 어떤 단초였을까. 그를 거기 있게 한 것은…. 그 아내와 자녀들의 기다림이 떠올랐다. 그리고는 가족이 함께하는 따뜻한 저녁 밥상을 그려보았다.

성가대의 선율은 경쾌하고도 부드러웠다. 입상한 수상자의 자작시 낭송 차례가 왔다. 백발을 머리에 인 그의 목소리는 몹시 떨렸고, 원고를 쥔 앙상한 두 손은 바람결의 촛불처럼 더욱 심하게 떨고 있었다. 가슴속 파도가 풍랑을 타고 요동친다. 쏟아놓은 마음속 오뇌의 덩어리가 한 인간의 깊은 곳을 두드린다. 죄와 위선과 가식이 사라진 순수 인간의 진정성 앞에서 그 시간 담장 안은 더 이상 어둠의 공간이 아니었다.

마음의 문이 열렸을 때는 순한 의지가 함께하지만 닫힌 마음안에는 세상과의 단절이 있을 뿐이다. 상대방을 이해하고 받아들인다는 일은 나를 내어주는 일이다. 백합이 아무리 아름답다고 해도 바라보는 마음에 향기가 없다면 꽃은 한낱 물상에 지나지 않을 것이다. 재소자 방문의 그날, 내내 나를 사로잡았던 화두는 '세상의 법으로는 그들은 담 안에 있고 우리는 바깥에 있지만 하느님의 법으로는 그 반대일지도 모른다.' 는 생각이었다.

생애를 통해 드나들었던 수많은 문. 가볍고 만만해서 쉽게 밀고 나선 문도 있었으나 내 힘으로는 너무 무겁고 버거워 도무지 열리지 않았던 문도 있었다. 세상과의 벽이 너무 높아 두드리지 못한 과욕의 문 또한 있었을 것이다.

하늘의 문은 어디에 있는 것일까. 끝 간 데 없이 무량해서 입구도 출구도 찾을 수 없건만 사람들은 생의 마지막에 서야 할 문이 거기라고 믿고 있다. 담담히 기다렸다가는 속절없이 열리고야 말 문 앞에서서 하늘을 바라본다.

마지막 문 하나 밀고 들어서면 거기서 어머님이 반겨주실까.

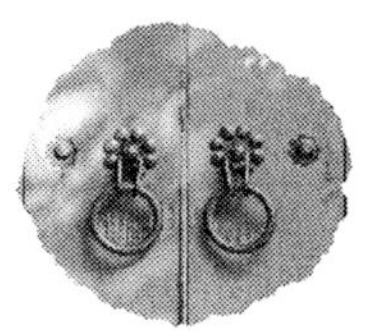

쉼표

숲 가까이 산다는 일은 나날이 새소리를 가슴에 품고 산다는 일이다. 술을 빚어놓고 그리운 누군가를 기다리는 일이다. 아침에 창을 열고는 장끼가 우는 소리를 기다린다. 까마득한 옹벽 위 잡목과 잡목 사이, 녀석은 새벽을 알리듯 매일 그 자리에서 쉰 목소리로 국구우 국구우 하며 자신의 존재감을 노래한다. 그가 나를 알지 못해도 나는 그의 목소리와 퍼덕이는 날갯짓을 기억하고 있다. 새들이 잠을 자는 곳은 어디일까.

한나절이 기우는 시각에 능선을 오르게 됐다. 그리 높지 않은 백양산 중턱에는 솔바람 소리가 청정한 기운을 내뿜는다. 혼자서 오르는 산은 혼자 마시는 커피 맛이다. 찻잔 사이로 피어오르는 김처럼 오후의 숲길은 운무에 휩싸인다. 뒷목에 흐르는 땀을 쓸어내리며 바람이 쉬어가는 자리, 청풍정淸風亭에 앉아 사람 사는 동네를 내려다본다.

인생도 십년 주기로 쉼의 자리가 찾아들었다. 그것은 고난의 다른 이름이었다. 승승장구만 한다면 고개 숙이는 일을 모를까 봐 주기적으로 신의 망치가 톡톡 이마를 치고는 달아났다. 맞을 때는 그것이 천애 낭떠러지인 줄 알았는데 돌아서면 또 다른 길이 보이곤 했다. 마침표는 끝을 내는 일이지만 쉼표는 또 다른 것과의 연결을 위해 잠시 숨을 고르는 일이었다.

대화의 중간에도 적당히 쉬는 일은 생각의 깊이를 더해준다. 혼자서 말하기만 한다면, 또 말없이 듣기만 한다면 무슨 의사소통이 될 것인가. 내가 말할 때, 상대방이 말할 때를 지혜롭게 가린다는 것은 쉬운 듯하지만 어려운 일이다. 많이 말한다고 해서 많이 아는 것은 아닌데도 착각하고 사는 이가 얼마나 많던가. 대화 중에 불쑥 끼어드는 일보다는 충분히 들은 후 여유를 갖고 하는 말은 언중의 깊이를 더해줄 뿐만 아니라 인품마저 돋보이게 할 것이다.

문장과 문장 사이, 적절한 쉼표의 사용은 전체 지문을 돋보이게 한다. 숨 쉴 겨를도 없이 지루하게 이어지는 만연체의 문장이나, 습관처럼 중복되는 점찍기의 나열은 읽는 이를 곤혹스럽게 해줄 뿐이다. 어떤 잡지를 편집하다보면 아쉬울 때가 있다. 참 아름다운 내용임에도 부적절한 쉼표의 과용으로 문장을 흐리고 마는 경우다. 그래서 우리말에는 여러 가지 문장부호가 있는지도 모른다.

문학의 행위도 그러하지만 모든 예술의 자체란 삶 속에 있으면서도 동시에 삶을 넘어선 도달할 수 없는 '그 무엇'이다. 무형의 그 무엇을 행해야 하는 예술가들이기에 창작의 고통을 수반한다. 백지 위에 문자를 채워 넣는 그 아득한 목마름의 고뇌를 체험하지 않은 문학가가 어디 있으랴.

우리들의 사랑을 위해서는 이별이 있어야 한다. 맑은 하늘만 지속된다면 비의 소중함을 모르듯이, 헤어짐의 아픔이 있어야 만남의 환희도 맛볼 수 있을 것이다. 먼 정거장 손 흔드는 작별의 서러움은 새로운 만남을 잉태한다. 가슴 시린 별리의 감정도 지친 사랑이 쉬어가는 빈 의자이다.

바람이 가라앉아도 잎은 여전히 떨어진다. 앙상한 나뭇가지 밑에서도 뿌리는 숨을 쉬고 있듯이 식물에게도 쉼표가 필요한 것이다. 오랜 호흡이 잠시 숨 고르는 사이, 그것이 탄소동화작용이요 낙엽의 근원이다. 사철 푸르기만 하고 지지 않는 잎이라면, 죽지 않고 계속 태어나기만 하는 인간의 부조리와도 같을 것이다. 무엇이든 살아있는 것은 죽어야 한다.

잠의 미학처럼 완벽한 쉼의 이름 또한 없을 것이다. 밤이 있어 잠이 있을까. 잠이 있어 밤이 있을까. 일상의 고된 노정에는 잠과 꿈이 있기에 삶이 영위되고 존속한다. 목숨 하나 믿고 사는 인생에 일만 있고 잠이 없다면 무슨 수로 살아갈 것인가. 수없는 불면의 밤을 뒤

척인 사람만이 잠의 고마움을 안다.

밤늦은 시각, 텔레비전을 보다 스르르 눈이 감긴다. 나는 그때마다 마음으로 뇌이곤 한다. "오, 복된 잠이여." 하고.

밥과 잠은 생명의 연장 수단이지만 쉬어가는 뜻의 동의어同義語이기도 하다. 밥솥에서 밥물이 푸르르 끓는다고 해서 금방 밥이 되는 것이 아니라 뜸 들이는 시간이 필요하듯, 잠이라는 징검다리를 건너야 하루가 지나간다. 한 그릇의 밥을 위해서도, 하루라는 시간의 잣대를 건너기에도 뜸은 필요하고 뜸은 바로 쉼의 의미를 갖는다. 그래서 쉬어가는 자리는 인생의 전체 의미를 내포하기도 한다.

시간의 길 위에서 더러는 느긋한 여행을 꿈꾼다. 여행이야말로 삶이 한 박자 쉬어가는 자리. 나를 드러내며 남을 보기도 하는 그 속에서 미처 몰랐던 자아의 현주소를 찾기도 하기에 누구나 여행을 추구하게 된다. 쉼표가 새겨지는 삶의 자리, 마음은 언제 어디서든 떠나고 싶어한다.

불꽃

바다는 고요 속에 잠겼다. 타오르는 불꽃의 제전에, 삼킬 듯한 폭죽의 세례에 오히려 뒤척이던 파도의 몸짓은 숨을 죽였다. 억만 년 빛의 속도가 지구에 닿았을 때 저리도 천지를 뒤흔드는 파열음으로 전해왔을까. 펑! 펑! 어둠 속에서 머리 풀어 접신하는 혼령들의 울부짖음이었다가, 붉은 성게의 무리였다가, 그들은 이윽고 봄날의 꽃무리가 되어 산화한다. 튤립, 프리지어, 매화, 데이지의 꽃들이 섬광되어 심해 속으로 잠기는 화염의 흔적들. 물에서도 저들은 불이고자 하리. 목마름의 조각들이 부서져내리는 밤바다는 어느 때보다도 관대하다. 파편의 뜨거움을 온몸으로 감싸 안는 바다는 드넓은 대지요 어머니의 품속이다.

광안리 해변에 백만의 인파가 모였다. 부산불꽃축제는 이제 부산의 단순한 이벤트가 아니다. 전국을 능가해 세계인들을 불러모은다. 바다를 품고 있는 도시, 출렁이는 해양도시만이 가질 수 있는 지역의 특성이 사람과 축제를 한 몸에 안았다.

우리는 무엇을 갈구했던가. 가슴 조이는 세상살이 잊고자 잠시 동안 사무치는 불꽃 속으로 빠져들고 싶었을까. 절박한 사연의 날실과 욕망의 씨줄이 얽혀 있는 폭죽의 힘. 터져라, 부셔라, 깨어져라, 오뇌의 파고는 어디까지더냐. 크레센도! 점점 세게, 더 강하게, 분출하는 욕망의 출구는 더욱더 고조되고 용접봉에서 떨어져 나간 황금의 파편들은 스러지는 낙화가 된다.

콩을 볶는다. 뜨거운 냄비 안에는 화염의 열기가 달아오른다. 사방으로 몸부림치는 알갱이들은 차라리 콩깍지의 본향을 그리는데 달구어져야 고소한 콩의 운명은 그 뜨거움을 거부할 수가 없다. 체념한 듯 몸을 누인 볶인 콩들은 입 속에서 사그라드는 한 개 기호품이다. 비 오시는 날이면 냄비 앞으로 모여들어 속절없이 군것질만을 기다렸다. 오늘 밤, 콩은 폭죽이요 바다는 입 속이다.

양철지붕 위에 소나기가 쏟아진다. 밤은 칠흑같이 어둡고 쏟아지는 빗줄기는 간을 죄는 전율이다. 끊어졌다 이어졌다 한숨처럼 쏟아지는 빗줄기의 세례, 이 비 그치면 평온이 찾아올까. 타타타타….그래. 퍼부어라. 지구에 구멍이 날 때까지, 이 시름 말짱 걷어갈 때까지 너는 성난 빗줄기요 나는 납작 엎드린 양철지붕이 되어주마. 등줄기에서 작열하는 폭우의 신음은 빗소리가 아니라 천지를 진동하는 뇌성벽력이다.

하나의 소재 앞에서 고민할 줄 모르는 불꽃의 본질은 차라리 아씨를 사랑하는 벙어리 삼룡이다. 수필가여, 단지 터지는 굉음만으로 소임을 다하는 저 불꽃을 부러워하라. 저기에 무슨 사유니 관념이니 형상화의 이름이 있겠는가. 대상을 향한 냉가슴 앓는 열정만 있을 뿐, 거기에 오뇌하는 베르테르의 슬픔 따위는 없어도 좋다. 한 줄의 자구字句를 위해 날밤을 새우는 고뇌의 아픔은 더욱이 없다. 그러나 물리적이고 감각적인 충동은 사람을 흥분시키기에 충분하다.

문학은 때로는 진부하다. 백 마디의 말보다 한순간의 동작이나 소리와 표현으로 감동을 받는 경우가 흔하다. 무용과 음악이나 미술의 경우가 그러하다.

그런데 절망스러운 것은 이 화려한 빛과 소음의 제전을 압축한 표현을 찾기가 힘들다는 것이다. 빛의 속도와 방향이 음성이나 문자언어보다 폭넓고 자유롭기 때문일까. 빛 저 너머에는, 소리 울림의 파장 건너에는 어떤 세계가 기다리고 있을지.

언제나 그렇듯이 문장은 풍경을 따라잡지 못한다. 상상 속에서 자유로운 문학의 한계, 글이 돈도 되지 않는 세상인데도 문인은 아름다움에 허기져서 창작의 고통을 기꺼이 감내하며 산다.

창조함을 받은 모든 피조물은 끝이 있다. 황제도 거지도 피해갈 수 없는 벼랑의 끝 지점을 향해 달리는 일이 인생일진대 볶은 깨알 같은 고소함도, 타들어가던 무간지옥의 고통도 시간의 물살 속에 흘러가고 묻혀진다. 그 급류 속에서 사람은 평생에 고작 한 달 웃는다고 한다. 어떤 여론조사 기관에 의하면 하루 평균 한국인이 웃는 시간은 90초 정도라는 것, 일생을 80년이라고 가정한 뒤 이를 다시 환산하면 생애 중 30일을 웃는다는 계산이었다. 그나마 하루에 한 번도 웃지 않는 사람도 있다는 데야. 이 허망한 계산 앞에서 탄성을 지르거나 경이로움을 바라본다는 일은 웃음보다 더한 삶의 가치를 찾는 일이다.

축제의 절정은 폭포가 되어 흐른다. 광안대교에 펼쳐지는 나이아가라의 장관. 사람들의 탄성과 놀라움 또한 절정에 다다른다. 현수교 상판 위에서 빛으로 흘러내리는 물줄기는 유순하고도 장엄하다. 영원히 끝날 것 같지 않은 폭포수의 세례, 그것은 현란한 황금비다. 불의 제전이다.

과학의 힘은 어디까지 진보할 것인가. 첨단 레이저의 음향과 터지는 폭죽 속에 사랑, 희망, 꿈의 이야기를 입힌 '스토리텔링 불꽃쇼'가 밤하늘을 화려하게 수놓아 광안리의 밤은 환상 속에 잠긴다. 원래 없었던 형상이 다시 사라지는 지점에서 사람들은 문득 현실로 되돌아올 것이다.

이윽고 축제는 끝났다. 바다는 아무 일도 없었던 듯 잠잠하다. 환상도 꿈도 잠시 흔적일 뿐, 끝내는 터져 흩어지고 마는 허무다. 태초

이전의 혼돈을 마주하고 돌아선 듯, 축제가 파하고 집으로 향하는 길목에는 침묵과 정적만이 감돈다. 부대끼며 흔들리는 수만의 인파 속에서도.

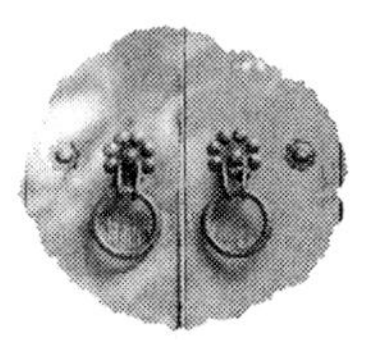

황혼의 사랑

눈물이나 바람 속에 있다는 것은 내가 시간 속에 있다는 얘기다. 생명 없는 미물이 어찌 바람에 드러눕는 풀잎들의 소리를 들을 수 있을 것인가. 세상은 이리도 고요하고 흐르는 혈관 속에 맥박이 살아있음은 아직도 우리 체온이 자연을 느끼고 찬미할 수 있음이다. 바람의 끝이 또 다른 바람을 몰고 오듯이 하나의 생이 넘어진 곳에는 또 다른 생이 시작된다. 자연계와 생명의 순환 고리는 이렇듯 애초에 둘이 아닌 하나가 아니었을까.

해가 진다. 육신의 허망처럼 조금씩 사그라드는 빛의 명암이 어제라는 이름으로 사라져가는 시각이다. 어제는 과거와 역사의 또 다른 이름일 뿐, 생의 끝 지점이 어디쯤인지는 누구도 알 수가 없다. 해 저문 신작로에서 길 잃어 울고 헤매던 유년의 기억처럼, 지금은 나를 떠나 손 흔들며 멀어지는 이 하루를 조용히 바라보고 있다. 억만 년 사라져간 해 무더기들은 퇴적한 용암처럼 어디에 쌓여 있는 것일까. 노을 속에 지는 해는 아름답다. 수평선 너머로 오렌지 빛 광휘를 발하며 서서히 잠기는 햇무리의 향연은 요요한 아름다움이다.

황혼의 사랑 또한 아름답다. 피 끓는 젊음의 감각은 서서히 물러갔으나 '사랑'의 영원성 앞에 어찌 표피적인 것만 논할 수 있을 것인가. 정신의 땅이 육이라는 것을 예전에는 몰랐듯이, 사랑은 감정이지 감각이 아니라는 것 또한 나이가 준 선물이다. 이제 모든 나이가 내 안에 있다. 3살, 37살, 55살, 그 세월들을 다 거쳐 왔기 때문이다. 아기 때는 엄마의 사랑이 전부였고, 중허리의 관념 사이로는 늘 무언가를 그리는 갈증에 허기졌다. 사람에게 에너지를 퍼붓고픈 강팍한 시절이었다. 노을에 선 지금, 눈멀듯 절절한 사랑보다는 애증도 갈등도 없이 흘러간 연민의 사랑마저 멀찍이서 바라보는 시점이다. 마치 남의 일처럼.

사람은 달이다. 조금씩 감추고 있고 조금씩 변하고 있고 보이는 부분만 본다. 달이 흐르듯 사람 또한 시간의 수레바퀴 위에서 쉼 없이 흘러간다. 젊었을 때 그녀는 커다란 만월이었다. 입도 눈도 코도, 성품 또한 시원시원한 보름달이었다. 어깨선이 약간 뭉긋해졌으나 퍼주기 좋아하는 넉넉한 마음 씀씀이는 예전 그대로다. 교육자로서 정년퇴임한 부부는 서로를 다 파먹은 김장독처럼 바라보지만은 않았다.

기력이 예전 같지 않은 그녀는 남편에게도 수시로 보약을 대령한다. 자신을 대신한 젊은 여인네들과의 산행을 독려하기 위함이란다. 산에서 젊은 기운을 받아 오면 집안 또한 활기차지 않겠느냐며 호방하게 웃는 모습에서 만년의 여유와 너그러움을 본다.

늙어감은 외로움만 깊어진다는 걸까. 홀로 갈 길을 준비한다는 걸까. 새벽 운동장에는 외로움도 홀로도 아닌, 걷기운동의 달인들이 나날이 눈인사를 나눈다. "사는 동안 건강하게, 엇샤! 엇샤!" 운동화 끈을 조인 아침가족들이 활기 있게 새벽공기를 가른다. 뒷동에 사는 스마일 여사와는 걸으면서 조곤조곤 사는 얘기도 더러 오간다. "무척 여행을 좋아했는데 요즘은 영감이 운전대를 잡으면 별로 나서고 싶지가 않아요." 때를 놓칠세라 짓궂게 내가 묻는다. "젊은 여자 옆에 앉히고 가면 어쩔래요?" 이 착한 여인네의 대답은 어느 때보다 진지하다. "정신 건강을 위해 당연히 다녀오시래야지요." 질투는 푸름의 산물이던가. 나이가 깊어짐은 배우자에 대한 사랑이 깊어지는 것.

노년의 사랑은 더욱 값진 것이다. 얼마 전 「뉴욕 타임스」는 치매 남편의 간병을 위해 은퇴한 대법관의 순애보를 통해 황혼의 사랑을 새롭게 조명하고 있었다. 샌드라데이 오코너(77)는 십칠 년째 알츠하이머를 앓고 있는 동갑의 남편을 돌보기 위해 법복을 벗었다. 하지만 남편은 오십오 년 해로한 아내를 두고 요양원의 다른 여성과 사랑에 빠졌다. 놀라운 것은 오코너 대법관의 반응. '남편이 건강을 되찾고 행복해 하는 것을 보고 기뻤을 뿐 불평하지 않겠다.' 는 것이었다. 관용과 이해는 나이 들면서 그 빛을 발하는 것인가.

황혼의 사랑은 타는 불꽃이 아니다. 타고 남은 연기의 존재는 더더욱 아니다. 그것은 제 몸 태워 사위를 밝히는 은은하고 이타적인 촛불의 빛이다. 삼킬 듯이 이글대는 장작불이 흙의 본질을 도자기로 빚어내듯 비로소 내 몸 태워 너를 굽는 화인의 흔적이다.

노년의 사랑은 그동안 태양에 가린 흑점처럼 청춘의 사랑에 가려져 있었다. 가요와 영화, 문학은 온통 청춘을 이야기했고 노년의 사랑은 '추잡한 노인네' 의 표현처럼 거북하고 꺼림칙한 것인 양 내몰렸다.

하지만 수명이 늘고 성에 좀 더 개방적인 베이비붐 세대가 나이를 먹으면서 은발의 사랑은 무시할 수 없는 사회적 '현상' 으로 떠올랐다. 학자들은 노년의 사랑이 청춘기의 사랑보다 더 만족스럽다고도 한다. 심리학자에 의하면 '젊은 시절 사랑은 자기 행복을 위한 것이지만 황혼의 사랑은 다른 누군가가 행복해지길 바라는 것' 이라고 정의한다. 그것은 나이가 들면서 좋은 일이든 나쁜 일이든 영원하지 않다는 것을 알아버린 자각에서 온 것이 아닐까. 보름달 여인도, 스마일 여사도, 삶이 우리에게 가르쳐 준 깨달음을 터득한 여성들이다.

충무공 이순신은 "세상의 끝이 이처럼… 가볍고 또 고요할 수 있다는 것이…." 라며 마지막 눈을 감았다고 한다.

삶과 죽음 사이에는 문지방이 없다고 했다. 그 경계선 사뿐 넘어가는 길이 무관의 마지막처럼 그렇게 담백할 수만 있다면…. 물론 내 앞 가려 너를 덮어 주는 황혼의 이타적인 사랑을 느긋이 체험하고 나서의 일이다. 오늘따라 서산에 지는 노을이 곱기만 하다.

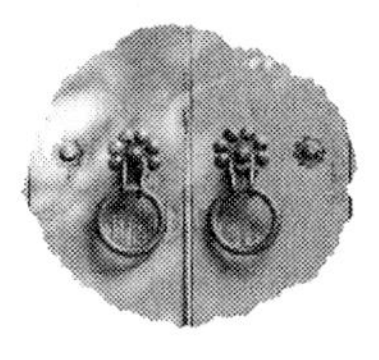

선운사 가는 길

구월은 설익은 새댁의 미소다. 시월처럼 가을의 정취가 묻어나지 않으면서도 늦여름의 열기가 묻어있으니 아직은 잔서 따가운 미련의 계절이다. 높이뛰기 선수가 잠시 숨을 고르듯 무성하던 수목들도 이제 서서히 낙엽을 예비한다. 계절이 바뀔 때마다 떠나고파지는 마음은, 사람은 어차피 시간이란 길 위에 서 있는 여행자이기 때문이 아닐까. 그러고 보면 세월은 수레바퀴요 인생은 강물이다, 앞으로만 떠밀려 나가는.

강가에 서 본 적이 있다. 말없이 흐르는 강물은 바다와는 또 다른 유장함이 있었다. 골짜기의 조급함도, 시냇물의 움직임도 모두 수용한 여유가 흡사 대인을 닮은 기질이었다. 흐르고 흘러 바다에 닿으면 노쇠한 강심이 짓물러 삭을까 봐 그래서 바다는 소금으로 간을 하는 것인지도 모른다.

자연이 없다면 어디서 위안을 얻을 것인가. 세파에 시달리면서도 결코 스러지지 않음은 하늘의 구름과 산의 나무들과 들의 꽃이 전해주는 새로운 정기가 있기 때문이다. 그저 피고 지는 한 송이 꽃의 숨결에도 억만금의 가치와 비교할 수 없는 자연의 오묘한 이치가 숨어있음이다. 우리는 너무 쉽게 그 사실을 스쳐 지나지 않았을까.

선운사 꽃무릇을 보러 갔다. 곡식이 여무는 계절에는 바람결에도 단내가 묻어난다. 전북 고창의 지방도라 하나 우리 산야는 어디고 낯설지 않은 정겨움이 있다. 길목에서 만난 '미당 시문학관' 의 표지판은 또 다른 반가움이었다. 그러나 고향 질마재 들녘을 지키고 선 문학관의 자태는 쓸쓸한 외로움이었다. 마을회관이나 면사무소인 줄 여겨 짐짓 스친 그곳이 폐교를 이용한 문학관인 줄을 몰랐기 때문에 더욱 그랬다. 좁은 논길에서 간신히 자동차를 돌려 찾아선 입구에는 간판조차도 담쟁이덩굴에 가려져 보이지 않았다.

운동장 한편 느티나무 평상에서 할머니 한 분이 밭에서 갓 뽑은 땅콩을 소쿠리에 한가로이 고르고 있었다. 그 흙 냄새에서 미당을 키운 바람소리가 스쳤다. 신발장의 실내화를 꺼내 신고는 빈 교실 안으로 들어선다. 상장이며 서책들이 보관된 흔적의 공간에는 시인의 땀내가 묻은 옷가지가 걸려있고 열린 이불장 사이로는 두터운 솜이불에 세월의 먼지가 켜켜이 쌓여 있었다. 너무 잘 손질되고 정형화된 문학관의 외양에 길들여져 온 탓일까. 찾는 이 없이 홀로 선 적막 앞에서 허전한 마음에 휩싸인다.

외양이 물론 내실을 따르진 못하겠지만 보고 기리는 이가 없다면 사람의 흔적이나 보관인들 무슨 소용이 있겠는가. 선운사 동백꽃이 시인으로 인해 더욱 커졌다면 그의 문학관은 마땅히 인파로 들끓는 선운사와 함께해야 할 것이다. '동리목월문학관' 이 불국사 맞은편에 정좌하고 청마문학관이 통영 기상대 옆에 자리하고 있음은 문인의 기상이요 그 문학적인 업적에 대한 예우가 아닐까 싶다. 미진한 마음을 시인의 화사집花蛇集 한 권을 손에 든 것으로 대신한다.

그림 같은 오솔길이 이어지는 선운사 고랑에는 도란거리는 개울물 소리가 시간마저 잠재운다. 여울목 음지에서 무리지어 피어난 다홍색 꽃무릇, 언제부터 이 꽃이 여기에 피어났을까. 남녘에선 눈에 익지 않은 꽃이다. 연녹색 꽃대 끝에 매달린 붉은 면류관은 활활 타오르는 불꽃 왕관인가. 한몸으로 태어났으되 꽃은 잎을 보지 못하고, 잎은 꽃을 보지 못하니 상사화라고도 불려지는 애련의 연緣이다. 한 줌 빛을 구걸하려 결코 구부리지 않는 도도함, 구도하듯 응달에서 피어났으나 그 고아한 자태는 범접하지 못할 기품마저 서려있다. 사찰 입구 밭고랑에는 꽃무릇이 무리지어 피어나 그 화려한 불꽃 잔치는 사진가들의 발길을 불러 모은다. 천국의 오후에 선 나는 나른한 꿈에 젖어든다.

새악시 시집간다. 잊히지 않는 동구를 넘어 고샅길 돌아간다. 산 넘어 고개 넘어 아산재를 지나간다. 이제 가면 언제 오나. 다홍저고리 연두치마 고운 아씨 돌아보네. 다소곳이 잡은 치마 꼬리, 수줍은 자태로 피워 올린 선홍의 꽃술은 가늘게 하늘대는 떨잠의 흔들림이다. 곱게 빗은 머릿결 위에서 나풀대는 나비의 몸짓이다. 누가 너를 이리도 가벼이 흔들어 깨우더냐. 선운사 꽃무릇은 천상의 유혹이다.

사찰 측에서는 메밀꽃 축제를 준비하고 있었지만 무성하게 도열한 동백이나 은행나무도 꽃무릇의 아름다움 앞에 잠시 고개를 숙였다. 선운사 동백을 보러 왔던 미당이 막걸릿집 여자의 육자배기 가락만 듣고 갔듯이 아직은 일러 피지 않은 동백꽃은 나 또한 보지 못하고 짙푸른 이파리만 쳐다보고 섰다.

저문 가을해는 섣부른 로망을 오래 잡아두지 않는다. 부안의 변산반도를 돌아서 나오는 길, 하늘이 흐리더니 차창으로 어느새 빗방울이 스민다. 우중의 코스모스는 한층 애절한 여심을 불러일으킨다. 어설픈 문인으로서의 입문이 있던 날, 그 시상식을 변산반도에서 치렀으니 십 년 세월에 다시 도는 이 길이 감회가 없을 수가 없다. 나는 또 채석강을 스쳐 지나며 미당이 읊은 격포우중格浦雨中을 생각한다. 시인의 그날도 오늘처럼 비가 내렸을 터이다.

여름 해수욕이면 쏘내기 퍼붓는 해 어스럼.
떠돌이 창녀시인 황진이의 슬픈 사타구니 같은

변산 격포로나 한 번 와보세

질펀한 모국의 언어로 한국인의 정서와 고향을 묘사한 미당의 시 정신, 아무래도 선운사 여정은 늘 그와 함께한 동반여행이었다. 어느 멋진 가을날, 나는 또다시 선운사 꽃무릇을 보러 가리라.

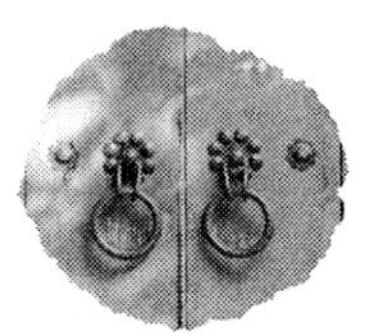

영화의 바다

올해로 열세 번째 영화의 바다가 열렸다. 부산국제영화제가 열리던 날, 수영만 요트경기장에는 수만의 인파가 모여들었다. 개막식 전야제는 처음 와보는 참이라 어설프기도 하지만 젊은이들의 함성 뒤편에서 나이가 돌아보이기도 했다. 그러나 '이 나이에….' 하는 말은 사실 맞지 않는 말이다. 이제 더 나이들 일만 남았는데 '이 나이'의 지금이 가장 빠른 때가 아닌가. 자괴감을 접으며 인파에 밀린 나는 얼떨결에 스타 입장의 레드카펫 앞에 서 있었다. 옆에 선 나이 지긋한 일본 여인네들도 팸플릿을 보면서 수다가 한창이다.

군중의 열광 속에 스타가 지나간다. 잘잘 끌리는 롱드레스 깃을 살포시 잡으며 우아한 미소로 손을 흔든다. 스타는 왜 레드카펫을 밟는가. 그들이 단지 유명인이라서? 저 붉은 카펫 위에 서기까지 그들은 참으로 험난한 시간들을 견뎌왔을 것이다.

어떤 분야이든 한 가지 일에 우뚝 서기란 결코 쉬운 일이 아니다. 정상의 자리는 하늘의 별따기와 같기에 그들의 이름 또한 스타가 아니던가. 대중의 꿈을 먹고 사는 배우들은 그들이 스타이기에 대우해 줄 가치가 있다, 적어도 영화의 잔치인 오늘만은 더욱이. 박수를 친다. 마음껏 환호해 주자.

왜 우리는 영화에 빠져드는가. 영상예술의 세계는 무한하다. 그 속에서 우리는 사랑과 저주, 폭력과 판타지, 일상을 훑어가는 수많은 이야기들을 만난다. 이루지 못한 현실세계의 환상을 스크린을 통해 대리만족을 느끼기도 한다. 그러나 꿈과 현실의 엄연한 경계선, 영화가 끝나고 불이 켜졌을 때는 또 허망한 낯설음과 대면한다. 거리에 쏟아지는 햇빛, 낯익은 거리는 그대로건만 아직도 화면에서 부유하는 '나'는 잠시 구름 위를 걷는다. 내가 영화를 좋아하는 이유는 환상과 일탈의 중간쯤에 서기 위해서다.

내가 만난 최초의 영화는 활동사진이었다. 말 그대로 움직이는 사진이었지만 광목 천 위에서 펄럭이는 화면의 세계는 대단한 발견이었다. 톱밥이 널린 넓은 제재소 공터에는 확성기의 구성진 유행가 가락과 함께 천막이 쳐 있었고 밤을 기다린 처녀 총각들은 그 안에 들어가기 위해 부모 눈을 속이는 일도 있었다. '처르르르….' 에어리언의 눈빛처럼 푸른빛을 발하며 낡은 영사기가 돌아가고 변사의 구성진 연설이 한창이었을 때, 갑자기 여인의 노기 띤 음성이 허공을 가로질러 언니 이름을 불렀다.

"○○야! 퍼뜩 안 나올끼가?" 밤마실만 다녀도 큰일이 나는 줄 알고 황급히 달려온 어머니의 목소리였다. 어둠 속에서 앉지도 서지도 못하고 언니와 함께 가슴 졸이던 시간, 그로부터 세월은 오십여 년을 훌쩍 건너뛰었다. 영화는 이제 마음만 내면 어디서든 만날 수 있는 대중예술이 되었다.

이번 영화제는 삼백여 편의 상영작 중 「스탈린의 선물」이 개막작으로 선정됐다. 눈이 똘망한 남자아이 사쉬카의 연기가 인상적인 카자흐스탄 영화다. 강대국의 폭압이 소수민족들에게는 어떤 저주였는가를 보여주기 위해 감독은 소비에트연방이 핵실험을 하던 그 시절로 카메라를 비추었다. 스탈린의 70회 생일을 기념하기 위해 군부와 과학자들은 핵실험을 실행했지만 그 생일선물은 인민들의 죽음을 담보로 한 것이었다. 대부분의 영화제 작품들은 오락성보다는 어떤 이슈나 사회고발적인 요소를 더 높이 사는 듯한데 이번에도 예외는 아니었다.

유대인 소년 사쉬카는 구 소련 정권이 소수민족들을 중앙아시아 국가들로 강제 이주시키던 시절, 할아버지와 함께 기차로 후송된다. 열차에서 숨진 할아버지의 죽음으로 혼자가 된 소년은 카자흐스탄

외딴 시골 마을에서 카심이란 노인의 도움으로 정착하게 된다. 영화는 황량하기 그지없는 이 마을에서 시작되고 끝이 난다.

다양한 이주 민족들이 모여 서로를 도우며 평화롭게 살아가지만 곧 무시무시한 비극이 시작된다. 소년을 천사처럼 돌보던 마리아의 결혼식이 있던 날, 그의 남편은 경찰의 폭력에 의해 잔인하게 희생되고 만다. 그러나 그것은 비극의 전조였다. 이어서 자행된 핵실험으로 마을의 모든 사람들이 죄 없이 죽어갔고 유일하게 살아남은 이는 이스라엘로 송환된 사쉬카뿐이었다. 가공할 핵의 위력, 구름처럼 덮친 연기는 순식간에 그들의 삶과 행복을 흔적도 없이 걷어가고 말았다. 소년 사쉬카의 동심은 행여 부모를 만날까 하는 기대에 아끼던 염소를 군부의 생일선물로 바쳤지만 스탈린은 그들에게 죽음을 선물로 되갚아준 것이다. 노인이 된 소년이 끔찍했던 그 죽음의 현장으로 와서 옛날을 회상하면서 영화는 끝이 난다.

우리 인생의 시발점 또한 무너진 꿈의 인식으로부터 시작되는 것이 아닐까. 소년의 일생은 본인의 의지와는 전혀 상관없이 전개되고 유린된 것이었다. 주변 여건과 세태의 흐름에 따라 떠밀려갔듯이 낙엽처럼 시들고 마침내 떨어지는 인생 또한 강물 위에 떠있는 부초요 한낱 거품에 불과하다. '현재' 라는 시간성 위에서 추구하고 고뇌하며 미완의 길을 그저 묵묵히 걸어갈 뿐이다.

참담한 암흑기를 견디고 살아남은 이의 이야기를 통해 이 영화는 두 가지의 의미를 전달한다. 강대국의 오만으로 인해 숨진 무고한 사람들의 희생과, 소년의 꿈과 희망에 관한 것이다. 인류는 언제까지나 강대국이 약소국을 짓밟을 수 있을 것인가. 그리고 망가진 소년의 꿈은 누가 보상해 줄 것인가. 카자흐스탄이 독립국가가 된 것은 이제 겨우 15년이다. '지금까지 제대로 바라보지 못했던 고통스런 과거를 우리 세대부터 정직하게 담아내려 한다.' 는 감독의 말처럼 한 편의 영화를 통해 잠재돼 있던 민족의 설움도 함께 만난다. 「스탈린의 선물」은 아시아 영화를 발굴하고 미지의 영화를 적극적으로 발견해보자는 부산영화제의 기본 목적에도 부합된 작품이라 할 것이다.

영화제는 축제다. 큰 잔치를 앞두고 주최 측의 입장에서는 개막식 당일 비가 오지는 않을지, 스크린이 제대로 올라갈지 긴장 속에 노심초사하는 시간들을 보냈을 것이다. 그러나 오늘 밤하늘에는 초롱초롱한 별들이 축하의 신호를 보내고 있다. 부산영화제가 이제 궤도에 올랐으니 아시아에서도 큰 영화제로 자리매김할 수 있을 뿐만 아니라 침체된 한국영화에도 활기를 불어넣기를 바라는 마음이다. 축제 분위기에만 들뜨기보다는 연륜을 더해가면서 더욱 원숙하고 관객에게 봉사하는 영화제가 되기를 바라는 염원과 함께.

영화는 누군가의 손에 의해 쓰이고 찍혀진다. 문학이 '깊이' 와 '영감' 이라는 단어로 울림을 준다면 영화는 또 문학에 어떤 자극이 될까. 공통된 점이 있다면 이야기꾼으로서의 사명감일 것이다. 어떤 시대에도 이야기는 있겠지만 소설이나 영화나 새로운 이야기를 만들어내야 한다는 고통을 안고 있다. 한 시대 공산주의 국가의 흘러간 역사와 민중의 이야기를 통해 영화제의 밤이 깊어가고 있었다. 내일은 또 어떤 영화를 만나기 위해 축제의 제전인 피프 광장에 서 있을까.

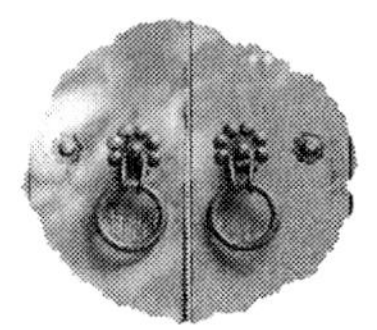

순명이었을까

5세기 무렵에 융성했던 대가야大加耶제국의 고분 답사를 떠나던 날, 의식의 끈을 잡고 놓아 주지 않는 일 하나가 있었다. 그것은 순장殉葬에 대한 관심과 궁금증이었다. 인간에 대한 인간의 지배와 예속 관계는 산목숨마저도 버리게 했음인가. 선사시대 이래 사람들은 사후세계가 있다고 믿어왔다지만, 상전의 죽음으로 인해 정지된 삶을 맞닥뜨린 순장자의 입장에서는 저항 없이 그 운명을 받아들였을까. 결코 아닐 것이다.

아프고도 슬픈 역사가 켜켜이 배인 땅, 그러나 지금은 역사의 흔적에서 사라진 땅, 그 땅을 찾아 마음의 영토를 넓혀가는 길에 찻길 내

내 장맛비가 함께했다. 왕조 520년을 이어오다 신라에 병합된 대가야, 조선왕조 오백 년보다 긴 역사를 가졌으나 후세 사람들은 삼국시대를 알고 있어도 사라진 제국의 이름을 기억하지 못한다. 천오백 년 전 왕실의 도읍지 고령, 거기서 무슨 일이 일어났던지도.

두 시간 남짓 회색 빗길을 달려온 자동차가 멈춘 곳은 대가야박물관 앞이었다. 깨끗하게 단장된 외관, 천년을 뛰어 넘는 역사의 공간에 이르는 길은 계단으로부터 시작됐다. 안으로만 좁혀진 시선을 밖으로 돌려 시간 저 너머의 공간여행에 이르는 길, 어둑신한 조명 속으로 스며든다. 고령읍을 병풍처럼 감싸는 산 위에는 왕족과 귀족들의 무덤이라 추정되는 크고 작은 이백여 기의 무덤이 분포돼 있다.

후일에 남명 조식은 젖무덤처럼, 낙타 등처럼 산 정상에 뭉긋뭉긋 솟아 오른 왕릉을 보고 놀란 나머지 "산 위에 저게 뭣꼬." 라고 말했다는 기록이 남아있다. 이렇듯 고령에 남겨진 대가야의 흔적은 수많은 고분의 유적이다.

왕릉의 축조 과정이 일반 사가의 장례 예절과 같을 수는 없을 터, 주변국에 왕의 부음을 알리고 책임자를 두어 무덤의 위치를 정하고 순장자를 정하는 일이 수개월, 혹은 수년이 걸렸다고 하니 시신은 별도의 장소에 임시로 안치했을 것이다. 순장자라…, 눈을 감고 망연한 심경으로 나도 그 명단의 반열에 서 본다. 뜬금없이 죽어야 하다니, 생명의 욕구는 인간의 기본 욕망이다. 아무리 순장의 풍습이 죽은 뒤에도 현세의 삶이 그대로 지속된다고 믿었던 고대인들의 계세사상繼

世思想에서 비롯됐다지만 미개한 시대적 산물 앞에서 희생된 목숨인들 얼마나 많았을까.

지산동 44호분에서는 모두 스무 명 이상의 인골이 출토되었다. 무덤의 석실 안에는 내세 생활에 필요한 창고와 부석실이 있고 시종, 창고지기, 시비侍婢, 전사 등이 나란히 함께 누웠다. 그러나 몇몇 시신의 두개골에 구멍이 나 있다는 것은 분명 누군가가 순장을 운명으로 받아들이지 않았다는 사실을 입증하지만 저승까지 따라가 왕을 지킨 호위무사의 영원한 안식은 눈물겹기만 하다. 어린 나이에 입궁했음인가. 십대 여자아이 둘이 나란히 누운 석곽도 있다. 한데 아비의 부정父情이 새겨진 영원한 자식 사랑의 돌넛덜[石槨] 앞에서는 발길이 머문다.

삼십대 남자와 여덟 살 딸아이의 순장 터, 눈에 넣어도 아프지 않을 딸을 품에 안고 1,500년이 지나도록 손을 놓지 않은 아버지의 사랑이 바스러진 유골에서 아직도 되살아나고 있다. 순간 나는 무너지는 가슴을 주체치 못한다. 이렇게도 무정한 일이.

그날은 개다리소반에 한 상 푸짐하게 받았었네. 고기반찬에 이밥도 먹었을 터. 아가, 애비 손을 꼭 잡아라. 아부지, 어디 가는 거야? 이제 영영 함께 사는 곳으로. 아아 아부지, 그런데 앞이 안 보여. 숨도 쉬어지지 않네. 아가야, 조금 있으면 우린 다시 사는 게야. 아비의 흰 버선발이 둥둥 천상으로 날아오른다. 흰 소지 종이처럼 훨훨 높이 높이 떠오른다. 어린 딸의 손을 꼭 잡고서.

처연한 슬픔을 안고 걸어 나온 바깥세상은 아직도 비가 내리고 있었다. 울창한 숲길 지나 산 언덕에 있는 주산의 고분을 답사코자 했던 발길을 돌려 '왕릉전시관' 으로 들어선다. 묘한 느낌이다. 무덤 안은 분명 누구도 알아서는 안 될 사자死者의 세계가 아닌가. 지산동 고분을 그대로 재현해 놓은 전시관은 방대한 무덤 내부를 입체적으로 내려다볼 수 있는 구조다. 왕의 자리인 으뜸돌방을 중심으로 방사형으로 수많은 순장 돌넛덜이 배치돼 있다. 왕이 누운 주석실主石室만 평수가 깊고 넓을 뿐 순장자들의 석곽은 겨우 몸 하나를 누일 만한 두께이니 사후에도 차지하는 한 뼘 땅의 너비는 신분의 차이만큼이나 현격하기만 하다.

무덤 속 세계를 벗어난다. 우기에 휩싸인 후텁지근한 열기, "맴맴맴."녹음 사이로 울어대는 매미소리가 애련하다. 유기된 삶을 마감한 순장자들의 진혼제인가. 음울한 하늘 아래 그 소리 소슬하기만 한데 어깨너머로 한줄기 서늘한 바람이 스친다. 땅도, 부는 바람도 그대로인데 천년 전 그 여름에 불던 선들바람도 이렇듯 시원했을까.

눈을 감는다. 타래처럼 이어지던 어지러운 관념의 시각이 전신주의 소실점처럼 한곳으로 모아지는 시각, 거기 대가야제국의 도읍지에 내가 서 있다. 고요하다. 시공을 넘어 아득히 역사는 흐르고 거짓

순명에 휩쓸려간 순장자들의 넋이 거문고 가락처럼 바람의 현을 타고 애달프게 흐른다. 강물 같은 인생도 함께 흐르고 있다.

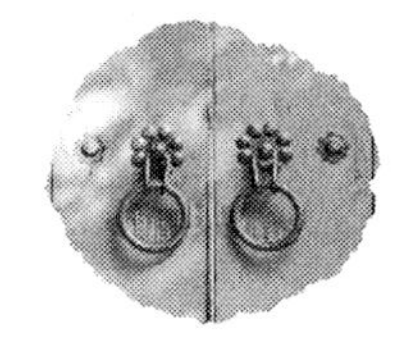

꽃이 하는 말

인간이 신과 만날 수 있는 다리가 있다면 그것은 꽃과 자연이 아닐까. 혹자는 종교라고도 말하겠지만 한 송이 꽃의 피고 짐에는 신의 입김이 아니고서는 불가능하기 때문이다. 봄이 온다. 움트는 자목련의 숨결과 함께 봄이 오고 있다. 땅속에서 타오르던 생명의 기운이 온통 대지를 달아오르게 하는 계절, 무심히 눈길을 스치던 마른 나목들이 일제히 살가운 눈웃음을 보내온다.

복사꽃이 아련히 피어오르던 고향의 과수원집, 가슴 부푼 첫사랑의 기억은 언제나 새색시를 닮은 분홍빛 꽃송이와 함께했다. 모든 시간이 태어나자마자 옛것이 되듯, 세상을 풍요롭게 해주는 꽃들 또한 피어날 때 이미 낙화를 예감하건만 그때는 선홍색 봄꽃이 영영 지지 않고 그대로일 줄로만 보였던 시절이었다. 설익은 연정은 덧없는 강물과 함께 멀리로 흘러갔다. 아무래도 아지랑이 사이로 얼굴 내민 복사꽃은 영락없이 미색美色 때문에 팔자를 망치고야 말 여자의 자태였다.

한 시절은 누구나 꽃이었다. 이십대, 젊음이 피어나던 시절이 붉은 카네이션이었다면 사십대의 완숙함은 칸나의 정열에 비유할 수 있을까. 꽃들에게도 저마다의 운명이 있을 것이다. 능소화는 담장 위에 높다랗게 피어나 선망의 눈길을 받는가 하면, 봉선화는 음지에 서서 나라 잃은 설움을 달래주던 애련의 꽃이기도 하다. 화려하지 않은들 어떠랴. 들꽃은 장미가 아닐지라도 당당하게 자신의 꽃을 피운다. 사람 또한 드러나지 않아도 수수하게 자신만의 아름다움을 간직할 수 있다.

조선조의 선비 유득공은 남다르게 꽃을 가까이하고 귀애했다. 눈雪은 시원스러움을, 달은 외로움을 느끼게 하지만 사람을 운치 있게 하는 것은 바로 꽃이라 여기며 남의 집에 기이한 꽃이 있다고 듣기만 하면 천금을 주고서라도 반드시 구하고는 감상하기를 즐겼다. 봄에는 복사꽃, 여름에는 석류, 가을 국화와 겨울 매화가 있으니 초가집 한 채에 불과하나 백화암이라 불러 충분하다며 올곧은 선비의 자족감을 노래했다.

화선畵仙 김홍도 또한 '매화에 얽힌 이야기'를 간직하고 있다. 그는 집이 가난하여 끼니를 잇지 못하는 때가 더러 있었다. 하루는 기이한 매화 한 분을 발견하고 갖고 싶었으나 돈이 없었다. 마침 어떤 이가 그림을 그려달라고 청하며 돈 삼천 냥을 보내왔다. 그는 즉시 이천 냥을 주고 매화와 바꾸고, 팔백 냥으로는 술 몇 말을 사서 친구들과 매화를 완상하는 술자리를 열었다. 그리고 남은 이백 냥으로 쌀과 땔감의 밑천을 삼았다고 한다. 부인의 애간장은 차치하고, 단원의 빼어난 예술혼은 그런 풍류와 기개에서 나온 것이 아닐까.

내 어머님께서도 생전에 유달리 자연을 사랑하고 꽃을 좋아하셨다. 초봄의 길목에서 돌아가신 지 첫해 기일이 되던 날, 계룡산 자락에 있던 친정집을 찾았다. 제사를 모시고는 이튿날, 촉촉한 봄비 사이로 우산을 받쳐 들고는 모녀가 함께 오르던 야산에 올랐다. 거기 어머님의 혼이 오신 걸까. 금잔디 사이로 자주색 솜털도 부드러운 할미꽃 한 송이가 고개를 내밀고 있지 않은가. 산자락 아래 살았던 어머님의 창이 빤히 바라다 보이는 위치였다. 나는 조심스레 할미꽃을 손에 담았다. 십 년이 훨씬 지난 지금도 기도서 책갈피 속에 꽂힌 그 꽃은 어머님의 기억과 함께한다. 더러는 꽃의 이름이 가고 없는 사람이 되기도 한다.

아침 햇살이 거실 안쪽까지 깊숙이 찾아드는 시각, 유리화분에 담긴 보라색 이파리의 사랑초를 바라본다. 자운영 잎을 닮은 삼각 이파리들의 무리가 겨우내 연보라색 꽃을 피워 이름값을 제대로 하고 있지만 놀라운 것은 그 생명력이다. 지난 늦가을에 흙만 남았던 시든 화분에서 하나둘 새잎을 일구고는 활기차게 일 가문을 이룬 것이다. 사람이 절망 가운데 새 힘을 얻지 못한다면 연약한 사랑초 꽃잎보다 나을 것이 무어가 있겠는가. 식물에게서 그 끈기를 배울 일이다.

인생의 절정이라는 삼말사초三末四初는 끈기도 위기도 모르는 채 그렇게 지나갔다. 다만 가슴속 열기는 활화산으로 타오르던 시절이었다. 그것은 인생의 깃털에 잠시 날아왔다 금세 지나가는 나비였던가. 마흔 살의 불꽃은 생의 한가운데서 큰 의미를 지닌 전례적인 시기로 다가왔다. 현실감 없는 인연의 바다에 배를 띄우며 타는 가슴을 잠재우던 격랑의 파고波高이기도 했다. 그러나 그리움도 꽃과 같은 거라서 꽃을 보는 마음처럼 아름답고 때로는 향기로움이었다.

코스모스와 국화는 처음과 마지막에 만들어진 꽃이라고 한다. 신이 맨 처음에 코스모스를 만들었지만 어쩐지 너무 가냘프고 마음에 차지 않아 이 꽃 저 꽃 여러 가지 색깔을 빚어 꽃들을 만들었다. 그러던 중 마지막으로 빚은 꽃이 국화라고 하니 가을 하늘 아래 피어난 국화는 모든 꽃의 완성품이라 할 수 있겠다.

일몰의 노을 앞에 선 지금, 나는 어떤 꽃이었을까. 빼어나게 드러난 적이 없으니 모란이나 작약은 아니었고, 한때는 화려한 장미를 쫓기도 했으나 자연과 가까워질수록 이제는 들에 핀 야생화나 이름 없는 풀꽃들에 더 정이 기운다.

지천에 널린 구절초와 쑥부쟁이, 봄의 붓꽃과 여름의 패랭이꽃들이 어찌 화원의 백합보다 뒤질 수 있을 것인가. 산중 오두막에 청초하게 피어난 도라지꽃은 높은 절개를 자랑하는 여인의 기품마저 서려 있다.

우리 몸속에는 지난 시대의 모든 것이 들어있고 다시 때를 찾아 싹이 트고 꽃 피어날 미래가 다 들어있으니 사람만이 희망이다. 꽃으로, 향기로, 빛으로 저마다 최선을 다하고 떠나면 그때 우리는 근원에서 다시 만날까.

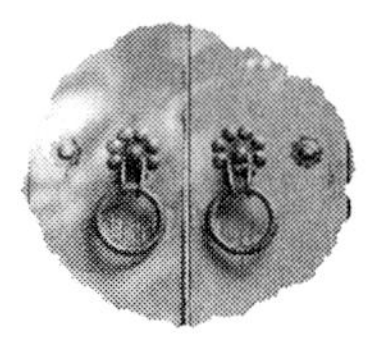

기다림

집에서 조금 일찍 나왔다. 모임에 늦고 싶지 않아서였다. 그런데 같은 노선버스 석 대가 올 때까지 타야 할 버스는 오지 않는다. 평소에는 내가 탈 버스가 더 자주 오곤 했다. 상관없는 번호는 계속 나타나고 기다리는 차는 감감무소식이다. 이런 게 머피의 법칙이던가. 에너지 절감을 위해 주차장에 세워둔 차가 눈앞에 아롱댄다. 칠월 염천에 목이 탄다. 등줄기로는 땀이 골을 타고 흘러내린다. 드디어 흑기사처럼 호기 있게 언덕길을 달려오는 버스, 이제야 살았다. 양산을 접고는 차에 오른다. 버스 안은 호텔 라운지처럼 서늘하다.

기다림에 지쳐본 이라야 그 심적 고통을 안다. 하기야 적금 타는 일 말고는 기다리는 일을 자처하는 이야 없을 것이다. 매표구 앞에서 줄을 서거나 정해진 열차시간을 기다리는 일은 사회적인 약속이나 질서를 위한 것이다. 그러나 오지 않은 어떤 운명을 위해 인연의 끈을 기다리는 그 가치 기준에는 감정의 묘한 울림이 함께한다. 며느릿감을 기다리는 어미의 심경 같은 것 말이다.

내 어머님의 허망한 기다림은 딸 다섯을 낳은 후에야 이루어졌다. 일본에서 딸 셋을 낳고 나서 비로소 얻은 아들을 잃고 말았으니 아들에 대한 염원이 더욱 짙어졌을 터였다. 해방된 조국에 와서 낳은 넷째도, 다섯째인 나 또한 딸이었으니 운명을 탓하기라도 했을까. 내 밑으로 난 여섯째가 드디어 아들이었다. 그러나 어머님의 기다림이 허망했다는 것은 그 아들에게서 호강을 받아보기도 전에 당신은 이미 먼 데로 떠나버렸다는 것이었다.

그리움이나 외로움, 기다림은 생의 기저를 이루는 양념 같은 것이다. 보고프다거나 쓸쓸하다거나 애타게 기다리는 느낌은 인간이 동물과는 구분되는 마음이 있기에 가능한 일이다. 생식과 배설의 기능만 있고 이러한 감정의 깊은 골짜기가 없다면 이미 사람의 삶이 아니기 때문이다. 아프게 누군가를 그리워하는 일, 사막에 선 고독감이나 끝 모를 기다림은 인간이기에 겪어야 하는 통과의례인 셈이다. 그래서 때로는 아픈 그리움도 살아가는 데 어떤 힘이 되는 것이다.

두견이 울 때면 작약은 이미 시들고 만다. 두견의 울음소리는 그래서 슬프다. 아니 진실로 슬픈 것만이 아름다운 건지도 모른다. 흥그럽게 피어나던 작약은 다시 또 새봄을 기다린다. 이렇듯 기다림의 의미에는 돌아옴의 뜻이 담겨있다. 돌아옴이 없는 기다림에는 청상靑孀의 외로움이 배어있다.

난 화분이 꽃을 피우기에는 십 년의 세월이 걸렸다. 나란히 선 두 개의 서양란 화분은 오래도록 무성한 잎을 선보이며 싱그러움을 선사했다. 여린 댓잎처럼 청청하게 좁은 뜰을 장식해주어 아예 꽃 같은 건 바랄 줄도 몰랐다. 그런데 어느 해 봄날 꽃대를 머금더니 보기에도 우아한 유백색 꽃을 기운차게 피워 올렸다. 황홀함의 극치였다. 한 달이 넘게 그 정경부인은 내 집 뜰에서 머물다 떠나갔다. 이제 또 남은 한 개의 화분에서 꽃이 필 날을 기다려본다.

느티나무 잎들이 무성한 그늘을 드리우던 역사驛舍 이층 찻집에서 누군가를 기다려 본 적이 있다. 물리적인 거리감이 시간을 비껴갈 때도 있었지만 별 의미가 되지 않던 시절이었다. 잡히지 않는 인연의 바다에 쪽배를 띄우듯이 목마름의 계절 한가운데는 언제나 그가 있었다. 어머님의 산소로 가는 길목에서 나는 주과포酒果脯를 준비하곤 했다. 미리내 묘역 봉분 위에 뿌려지던 한 잔의 술은 어머님과 그에 대한 내 그리움이요 아픔이었다.

여인의 삶은 어차피 기다림의 연속인지도 모른다. 유년시절엔 장에 간 어머니를 기다렸다. 해가 지고 먼 모롱이 밤하늘 아래 달려오는 버스의 불빛이 보이면 거기 휘발유 냄새 묻은 내 어머니의 치맛자락이 있었다. 연인을 기다리던 청춘의 시절을 뒤로하면 남편의 승진과 월급날을 기다림이요, 자녀들의 출세 또한 더 큰 염원으로 남게 된다. 자식의 성가成家 후에는 또 대를 이을 자손을 바라게 되니 이 질긴 기다림의 뿌리야말로 살아있음의 근원이 아닐 수 없다.

오랜 가뭄에 논바닥이 갈라질 때는 농심도 함께 타들어간다. 들판에 뻐꾸기 울음소리 짙어지던 유월, 모내기를 해야 하는 농민들은 하늘만 쳐다본다. 한줄기 비를 기다리며 천지신명께 비는 마음은 애간장을 태운다. 천둥지기였던 우리 논은 어디서 물길을 끌어올 수도 없었으니 오로지 하늘바라기가 전부였다. 그때의 갈증이 원이 되어 아들 이름을 '금비' 라 지었는지도 모른다. 엉그름이 난 땅에 내리퍼붓는 황금같이 귀한 비, 만 사람이 기다려주는 귀한 존재가 되라는 뜻이었다.

그 아들이 드디어 며느릿감을 데리고 온다는 전갈이다. 내게는 진정 귀가 번쩍 뜨이는 복음이었다. 대학 4년, 군대 3년 동안에도 여자친구를 몰랐다. 은근히 걱정이 아니 될 수 없었다. 집 떠나 서울에서 직장생활하는 새 나이만 꼬박꼬박 들었으니 어느새 서른을 훌딱 넘기지 않았는가. 혼기에 다급해진 어미 마음을 아는지 모르는지 아들은 미동도 않더니 반가운 소식을 전해온 것이다. 지난번 설에 왔을 때도 넌지시 선 자리를 내비쳤더니 "기다려보세요." 라더니 그럼 봐둔 상대라도 있었단 말인가?

부산역에 마중 나가는 마음이 하무뭇하다. 꽤나 보수적인 아들이

고른 배필이니 심성이야 착하겠지. 키는 얼마쯤이고 외모는 어떤 느낌일까. 하기야 저들이 좋다면 그만일 테지. 같은 직장에 있다니 서로의 탐색기간도 거쳤을 테고 무엇보다 서로간의 믿음과 사랑이 혼인의 우선조건일 것이다. 아들을 믿기 때문이다. 또 시계를 들여다본다.

아, 저기에 아들의 모습이 보인다. 옆에서 함께 손잡은 아가씨가 배시시 웃으며 걸어오고 있다. 하나의 오랜 기다림에 종지부를 찍는 순간이다.

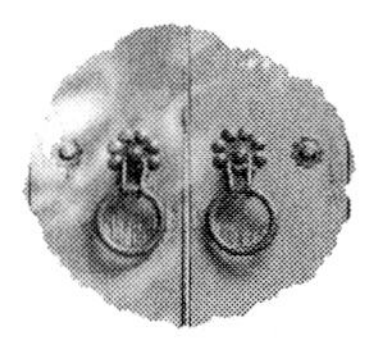

나는 아무 말도 듣지 않았다

신부님, 저는 지금 여닫이해변에 서 있습니다. 바다는 온통 잿빛입니다. 질척이는 개펄이 길게 펼쳐진 남도 바닷가는, 백사장과 파도의 철썩임에만 익숙한 제게 또 다른 포구의 모습입니다. 안개 자욱한 수평선은 하늘과 맞닿아 있습니다. 무한대로 뻗어 나간 저 개펄 속에선 지금도 수많은 생명체가 꿈틀대고 있겠지요. 자연은 이렇듯 사람에게 먹이를, 풍광을 제공하고 있지만, 언제나 그렇듯 문장은 풍경을 따라잡지 못합니다.

수평선을 조망하며 길게 이어진 소로小路를 '문학 산책로'라 이름 붙여봅니다. 장흥이 낳은 작가 한승원의 시비가 일렬로 줄을 서서 꽃과 사랑, 인생을 음미해 보는 시간 속으로 인도되지요. 그 작품세계를 따라가느라 머리 위 유월 햇살의 따가움도 일행들은 아랑곳하지 않습니다. 소설가인 줄로만 알고 있던 작가가 가슴에 이리도 많은 시를 품고 있었던가. 제 무지가 드러나는 순간이었습니다. 물고기의 의인화, 가시고기의 퍼덕이는 생명력은 해변의 시비에 어울리는 시정詩情입니다.

한 시대가 인물을 낳았다면 그를 낳은 고장은 또 이름 없는 작은 갯가 마을로 문인들의 발길을 불러 들였습니다. 신작로 차창으로 스치는 논배미에는 방금 모내기를 마친 모들이 푸른 날개를 힘없이 퍼덕이며 무논에서의 착상을 시도하고 있습니다. 저들의 뿌리내리기가 바로 한 그릇의 밥이요 생명줄이 아닌가요. 문득 내 인생의 37페이지가 떠올랐습니다. 이런 한적한 반촌에서 요양생활로 건강을 다스릴 때였지요. 초여름 누렇게 익은 보리밭이 심해처럼 출렁거리던 그 시절의 목가적인 정서가 연상되었음은 잠시 자연의 서정 앞에 매료되었음일는지요.

천관산 문학공원에 다다릅니다. 시인의 땅에 서면, 무딘 오감의 촉수를 불러일으키듯 시든 영혼에도 촉촉한 이슬이 배어나는 듯합니다. 인생은 이렇듯 문학의 위무가 있어 살 만한 건지도 모릅니다. 돌들에 새겨진 시비들은 말이 없지만 심혼으로 건져 올린 문장들은 보는 이의 가슴에서 살아 꿈틀댑니다. 문자의 힘은 사라지지 않음에 있겠지요. 몇몇 친분이 있는 문인들의 글 앞에서는 마치 그 사람을 본

듯 애정 어린 마음으로 차가운 석판을 쓰다듬어 봅니다.

연전에 일간지에서 작가 한승원의 문학창작실을 본 적이 있습니다. 문화면에 대문짝만 하게 박힌 사진 속에서 그는 민머리로 소탈하게 웃으며 흰 저고리를 입고 토굴 앞에 앉아 있었지요. 그때는 그게 심산유곡에 있는 줄로만 알았지요. 아니었습니다. 바다를 조망하는 한갓진 반촌마을, 야채를 심어놓은 고만고만한 채전을 얼마간 따라 올라가자 '해산토굴'의 목판이 얼굴을 보입니다. 감나무 사이로는 유월의 건들마가 일렁이고 있었지요. "여기까지 오시는데 자동차로 다섯 시간은 걸리셨을 겁니다." 작가 한승원, 그가 사람 좋은 아저씨마냥 웃고 있습니다.

「아제아제 바라아제」의 산실에 섰을 때 그 순수하고 가슴 시린 사랑 이야기와 남도의 평원 속으로 빨려듭니다. 흔들리는 것은 바람 탓이었을까요. 토굴의 외벽에서 차랑차랑 홀로 부딪치는 풍경 소리마저 친근한 감성으로 다가옵니다. 새벽길 내달아 버스에 분승한 문학인들은 오병이어五餠二魚의 그날처럼 풀밭에 편히들 자리하고 선문답처럼 이어지는 노작가의 문학강의에 귀 기울입니다.

"눈으로 갔던 것이 눈으로 돌아와서 가슴속에 뜨거운 불을 지피는 것이 시"라고 하며 "내 눈빛이 세상을 아름답게 만든다."는 조근조근한 말씀들을 가슴에 담습니다.

바다가 바라보이는 산비탈이니 해산海山이던가요. 장흥 덕도의 새터말을 일컫는 말인 해산은, 어촌의 한 필부로 생을 마친 증조부에게

헌사한 호이며 또한 작가 자신의 자호自號라고도 한 기억을 떠올립니다. 제가끔 길러준 땅을 등지고 대처로 향하는 세태에 한 소설가는 고향에 둥지 틀어 후학들을 인도합니다. 문명의 역류현상이라고나 할까요.

바람의 운율을 타고 흐르던 느릿한 말씀이 끝나자 내담자의 질문 하나가 이어집니다. "여닫이 바닷가에서 한승원 작가의 수십 개의 시비를 보았다. 한 개인의 작품을 이렇듯 내세움은 세계 유례가 없는 일이요, 작가 본인에 대한 모독이 아닌가."

사실은 우리 모두의 궁금증이기도 했지만 그 순간 저는 엉뚱하게도 '간음한 여인' 에 대한 성서의 질문이 떠올랐습니다.

유대시대에 간음한 여인을 현장에서 처벌하지 않음은 율법에 어긋나는 일이요, 사랑을 전파하는 메시아가 여인을 돌로 쳐 죽이게 함은 자신의 가르침에 어긋나는 일이니 자칫 곤경에 빠지기 쉬운 처지였으나 '너희 중에 죄 없는 자, 저 여인을 돌로 쳐라.' 했던 그 슬기로운 장면 말이지요.

내세울 게 별로 없는 어촌마을에서 고을이 낳은 걸출한 작가를 위해 기꺼이 갹출한 촌부의 자발적인 십시일반 성금으로 이루어진 시비임을 귀동냥한 적이 있기에 떠오른 연상작용이었을까요.

오늘의 예수 역시 고향의 갸륵한 뜻을 저버리지도, 자신의 의지와는 무관했던 떠받듦을 일언반구 변명하지도 않았습니다. 그는 불자 작가답게 한마디 선문답으로 대답했습니다. "나는 아무 말도 듣지 않았다." 라고.

'듣지 않음' 으로 일축하는 그 절묘한 화두가 지금도 머리에서 맴돌고 있습니다.

신부님, 하루해가 저물어가고 있습니다. 사람들이 여행을 떠남은 머리에 심은 것을 가슴으로 옮겨 담기 위함이라지요. 저는 지금 회색 가득한 해무가 번지던 여달이바다를 마음안에 담아 출렁대 봅니다. 언제면 저도 신부님의 너른 품성을 닮은 여유로운 글 한 편 쓰게 될까요.

단상

우리는 흐르는 강물이다. 쉼 없이 흐르는 현재진행형의 시간이 언제 멈출지는 누구도 모른다. 흐르되 당당하게 흘러야 할 시간의 철새들. 모래바람 만나거든 사막이 되고, 혹한이거든 꽁꽁 언 얼음으로 있다가 얼음이 풀리면 시냇물로 흐르며 진정한 자유의 바다에 이르기까지 호호탕탕 거침없이 흘러가야 하리라.

—「마라 강과 가브 강」 중에서

마라 강과 가브 강

화면 가득히 한 무리의 누 떼들이 아프리카 평원을 질주한다. 수백 마리의 검은 소 떼들은 대열의 행진에서 낙오되지 않기 위해 앞만 보며 가쁜 숨을 몰아쉰다. 탄자니아 세렝게티 초원은 금세 생존을 향한 처절한 모래바람에 휩싸인다. 대오에서 한 발자국만 처져도 맹수의 표적이 되는 상황, 사력을 다해 달리고 또 달리는 수밖에 없을 뿐이다.

드디어 누 떼들은 강을 건너려 한다. 강을 건너야만 생존을 위한 푸른 목초지가 있다. 도강을 위해 아득한 단애를 뛰어내리다 목이나 다리가 부러지는 한이 있더라도 결코 포기할 수는 없는 일이다. 그런데 흙탕물의 마라 강에는 그들이 강으로 들어서기만을 기다리며 이빨을 드러낸 악어, 돌아서면 굶주린 사자 떼가 있다. 돌아설 수도, 앞으로 나아갈 수도 없는 절체절명의 순간이다. 그들은 생명의 연장을 위한 풀밭으로 가기 위해 목숨을 건 모험과 맞닥뜨린다. 망설임도 잠시, 체념한 듯 누들은 강물에 발을 내딛는다.

표적이 된 누를 향해 악어들이 허옇게 이빨을 드러낸다. 공격을 받아 피투성이가 된 처절한 몸부림에서 약육강식의 냉엄한 현실을 본다. 함께하던 새끼가 끝내 핏물로 사라져도 앞을 향해 나아가야만 하는 처지다. 죽으면 죽으리라는 체념의 심경, 그것은 주어진 운명에 순응하는 생존의 몸짓이다. 살기 위해 목숨을 건 강행군, 마라 강의 사투는 누 떼의 희생과 함께 붉게 물들고, 마침내 죽음의 강을 건넌 그들 앞에는 광활한 초원이 펼쳐진다.

이렇듯 생태계나 자연의 순환에도 처절한 마라 강이 있는가 하면 그지없이 평화롭게 흐르는 생명의 강물도 없는 것은 아니다. 매일 장대비만 쏟아진다면, 매일 직사광선만 내리쬐인다면 어떤 삶도 살아내기가 힘들 것이다. 누리에서 본 강들 중에서 가장 깊은 평화를 느낀 강물은 프랑스 루르드의 가브 강이었다.

피레네 산맥에서 발원한 루르드의 푸른 강물은 성지로 향하는 낮은 다리 난간에서 발에 닿을 듯 찰랑이고 있었다. 세상의 아무런 불목이나 불화도 모르는 듯한 조용한 강물의 흐름. 세계 각지에서 몰려든 환자들의 휠체어 물결과 함께 드넓은 초원의 한복판을 잔잔히 흐르는 강물은 표현할 수 없는 평화의 그림이 되고 있었다. 성모의 발현이 왜 하필 루르드 산골이었는지를 가브 강의 고요가 말해주고 있는 듯했다. 만약 루르드를 다시 찾고 싶다면 그것은 가브 강의 선량한 이미지 때문일 것이다.

마라 강과 가브 강의 비유를 절박함과 평온에 대비할 수 있을까. 삶에도 항시 두 강이 존재했다. 급류에 휩쓸려 간신히 목숨을 부지했다 싶으면 또 한동안의 주기적인 안온이 찾아들었다. 평화의 안뜰에 잠시 안주하는가 하면 어느새 또 풍랑이 찾아들었다. 두 강물이 교차하는 사이, 머리에 흰 실밥이 내렸다.

인간들에게도 먹이사슬이 있다. 이동하는 누 떼를 추격하는 사자, 표범 등 동물들을 잡기 위한 밀렵꾼들과, 그 밀렵꾼을 잡기 위한 밀렵감시원들 간의 추격전이 그것이다. 그러나 밀렵꾼들이 생태보호를 위해 금지된 밀렵을 감행하는 것도, 누 떼들이 악어가 우글대는 강물 속으로 뛰어드는 것도, 모두가 생존을 위한 몸부림이다. 인간도, 동물도 살아낸다는 일은 이처럼 쫓고 쫓기는 치열한 추격전의 연속이다.

나의 마라 강은 언제였던가. 오십대 초반, 이루었던 모든 것을 잃고 나서 빈손이 되었을 당시의 상실감은 더 살아야 할 아무런 이유를 찾을 수 없었다. 달려오는 지하철을 보며 뛰어들고 싶었을 때였다. 미련이 있다면 아이들이었다. 다하지 못한 부모로서의 책임, 그것이 발목을 잡는 새 부질없는 세월은 조롱하듯 스쳐 지나며 손을 흔들었다. 모를 일이다. 회복기의 피돌기를 스스로 잘 모르듯 살아온 시간들이 언제 또 가브 강의 환승역에 도달하게 했음인지. 신의 망치는 절망과 희망 사이를 오가는 시계추 같은 것이 아닐까.

잠시잠깐의 희열이나 환희가 조각 햇살같이 생의 언저리를 스치기도 했지만 그것들은 이내 검은 뭉게구름에 가리워지곤 했다. 천국의 간이역에 내린 듯 한련화가 하늘대던 그 식물원 체험이나, 어떤 일몰의 경이로웠던 아름다움과 같은….

돌이켜보면 또한 샘물 같은 기쁨을 길어 올릴 때도 없음은 아니었다. 아이들이 옹알이를 하며 까르르 웃음을 선사할 때는 세상 걱정은 모두 남의 것인 줄만 알았으니 한 올 근심도 자신의 곁은 비켜갈 것만 같았다. 걸음마를 옮기고 철 따라 새 옷을 사 입히며 젊은 엄마의 행복감에 젖었을 때가 화수분처럼 샘솟는 가브 강의 빛 속에 잠겼을 때였다. 녀석들이 부모 덩치보다 점점 커지고 이제 손자를 기다리게 되고 보니 두 강물의 교차점은 항시 그리 오랜 세월 속에 머무르지 않았음이다.

우리는 흐르는 강물이다. 쉼 없이 흐르는 현재진행형의 시간이 언제 멈출지는 누구도 모른다. 흐르되 당당하게 흘러야 할 시간의 철새들.

모래바람 만나거든 사막이 되고, 혹한이거든 꽁꽁 언 얼음으로 있다가 얼음이 풀리면 시냇물로 흐르며 진정한 자유의 바다에 이르기까지 호호탕탕 거침없이 흘러가야 하리라.

오늘도 나는 악어 떼가 우글거리는 마라 강과 평화의 상징인 가브 강을 쉼 없이 오가며 산다.

순수의 이름

해는 어둑어둑 지고 있었다. 그러나 입 속 사탕은 아직 다 녹지 않았다. 어금니로 깨물어도 깨어지지 않고 뱉을 수는 더욱 없는 일, 참으로 난감한 일이 아닌가. 아홉 살 소녀는 싸전으로 '소전끌'로 저물도록 장터를 돌고 또 돌았다. '서울눈까리'. 사기그릇처럼 희고 단단한 눈깔사탕이 다 녹기 전까지는 집에 들어갈 수가 없는 일이었다.

육십년대 보릿고개 시절, 간식이나 군입거리가 따로 있을 리가 없었다. 왕방울만 한 사탕에 굵은 설탕을 묻힌 알사탕이 있었고, 이후로 사기질처럼 여물고 딱딱한 이 왕사탕이 동네 전방廛房마다 나돌았다. 6 · 25전쟁 피난민들이 생계 방편으로 만들어 낸 요즘의 불량식품이었는데 오죽이나 딴딴했으면 입에 하나를 물면 부산서 서울까지 녹지 않는다고 해서 이름이 서울눈까리였을까. 새마을호가 나오기 전이었으니 경부선 무궁화호가 여섯시간 걸리던 때였다.

그 사탕이 매우 먹고 싶어 잠든 엄마의 머리맡에 둔 돈주머니에서 지전을 슬쩍했으니 지은 죄가 탄로날까 봐 볼록한 뺨을 하고는 차마 집에 들어갈 일은 엄두도 못 낼 일이었다. 밤은 깜깜해지고 갈 데는 없었던, 너무도 고약했던 그 난감함이라니….

거짓말의 사전적 의미는 남을 속이는 말이라고 했다. 요즘 같으면 친구가 준 사탕이라고 둘러댈 수도 있었으련만 속임수를 몰랐던 어린 날의 순수가 결국 한밤이 다 돼서야 집을 찾아들 수가 있었다. 이제 세상도 변했지만 나이만큼이나 얼굴도 두꺼워졌다. 약속시간에 늦어져서도 자신의 게으름보다는 차가 밀려서, 난처한 입장 앞에서는 내 탓보다는 네 탓으로 미루는 예사로운 일상이 부끄러워질 때면 가끔씩 녹지 않던 사기질 사탕의 때 묻지 않은 순수를 생각하곤 한다.

영국에서는 남에게 해를 끼치지 않는 거짓말을 하얀거짓말, 죄 있는 거짓말을 까만거짓말이라고 한다 했다. 언어에는 물론 색깔이 없겠지만 흰색의 순수와 검정의 불의를 대비시킨 양심의 색깔일 것이다. 사람이 일생 흴 수야 없겠지만 비양심이 판을 치는 세상에서 죄 있는 거짓말도 평생 안 해보고 산 이가 몇이나 될까.

그러나 속임수보다 더 심각한 것은 드러나지 않는 정신적 장애인지도 모른다. 조그마한 남의 잘못도 그냥 지나치지 못하고 상처를 입히는 장애, 간사한 칭찬에 주제를 모르고 방자한 마음을 가지는 장애, 사랑을 받을 줄만 알았지 베풀기에 인색한 장애, 생각해보면 나 또한 인격적 장애를 앓고 있는 환자였다.

오래전 제주도를 여행할 때였다. 섭지코지 해안의 그날은 하늘도 흐렸지만 세찬 해풍이 언덕의 고운 잔디들을 거칠게 훑어가고 있었다. 그때 휠체어에 앉은 부인을 밀고 있던 남편은 자신의 겉옷으로 부인의 어깨를 두르고는 절뚝거리며 힘겹게 언덕을 내려가는 모습이 보였다. 그 장애인 부부의 진실된 사랑 앞에서 위선과 허점으로 포장된 자신의 내적 장애가 몹시 부끄러워졌다.

정치도 싸움판이요 세상도 흙탕물이다. 착하고 우직하게 살면 바보 취급을 받고, 요령이나 술수, 이전투구에 능한 모리배가 대접받는 세상이니 선비 집단이라고 온전할 리가 없다. 글은 곧 사람이라 했으니 작가는 작품으로 말해야 함에도 더러 남발되는 각종 시상식에 가보면 어리둥절해질 때가 있기 때문이다. 실력보다는 비손이나 돈의 위력이 우선시되는 것은 비틀어진 세태 탓이던가. 그러나 그 또한 능력이요 처세술이라 해야 할지는 모를 일이다.

불의한 세태는 비록 오늘만은 아닌 일인지, 중국의 『고문진보古文眞寶』에서 '가의'란 시인 또한 올바르지 못한 세상에 대한 불온한 심기를 드러내고 있다.

"아, 슬프구나. 상서롭지 못한 때를 만남이여.
난새와 봉황은 엎드려 숨어 있고
솔개와 올빼미는 드높이 날개 치네.
용렬하고 어리석은 것들이 높이 드러나서
참소와 아첨으로 뜻을 얻으며
성현은 거꾸로 끌려 다니고
바른 것이 거꾸로 섰네."

백거이 또한 시가 「양죽기養竹記」에서 현명하고 뿌리가 단단한 사람을 대나무에 비유하였다. 군자는 그 근본을 보면 곧잘 서서 뽑히지 않을뿐더러 대나무의 성질도 곧아서, 곧음으로 자신의 몸을 서게 한다고 했다. 그래서 군자들이 대나무를 심어 정원수로 삼는다고 했거니와 대나무는커녕 채송화도 되지 못하는 나는 무엇으로 덕을 닦을 수 있을 것인가.

돌아갈 수 없는 고향을 그리듯 다만 허랑한 빈 마음으로 어린 날의 순수를 그려볼 뿐이다.

---

* 난봉 : 난새와 봉황(신령스런 새로 현인에 비유).

봄날

알 수 없는 일이다. 봄날은 이리도 화창하고 종달새 노랫소리 드높은데 어인 일로 새봄에는 어김없이 흉몽에 시달리는지. 올봄만의 일도 아니다. 음산한 겨울이 가고 만물이 땅을 뚫고 올라오는 지기로 인해 그 땅의 기운이 어느 때보다 왕성해질 때 나는 늘상 꺼져드는 악몽으로 인해 주기적으로 침몰하여 다시는 일어설 수 없을 것처럼 깊은 나락으로 빠져들곤 했다.

이미 성년이 된 아이들은 꿈속에서는 언제나 애기 때로 돌아가 있다. 피폐한 모습의 아기는 자식인지 피붙이 동생인지 구별도 안 가는데 나는 어린 아기를 안고 동네로 젖을 얻으러 다닌다. 엄마는 장에 가고 마음이 다급한 나는 집집마다 대문을 두드린다. 이내 또 아기는 다 큰 내 자식들의 모습이다. 시차도, 장소도 왔다 갔다 분별이 되지 않는다.

애기를 등에 업고 헤매는 급박함은 매장의 메말랐던 기억과도 연결된다. 사내들이 들어와 갑자기 전기를 끊고는 매장의 탁자들을 들고 가버린다. 나는 황급히 역으로 탈출했는데 가다 보니 푸른 샌들이다. 신발을 바꿔 신기 위해 들른 집에는 장롱 서랍의 옷들이며 주방엔 찬장의 그릇들이 그대로인데 그새 열린 문틈으로 생쥐처럼 도둑이 들어와 있다.

분노한 내가 그들을 마구 내쫓다가는 잠이 깬다. 휴우, 얼마나 다행인지. 아기는 근심이라는데 무슨 걱정거리가 생기려나. 봄날 해는 중천에 떠 있고 자고 나면 몸은 솜방망이요, 스토리도 이어지지 않는 밑도 끝도 없는 해괴한 꿈의 연속에 기억만 가물가물하다. 낮에 읽은 『엄마를 부탁해』란 책의 연상작용인가. 그 주인공은 엄마를 잃어버리고 찾아 헤매는데 실종된 엄마가 신고 있었던 신발이 발가락이 나오는 푸른 샌들이었다.

꿈의 사전적 의미는 잠자는 동안에 생시와 마찬가지로 여러 가지 현상을 느끼는 환각이거나 또는 실현될 가능성이 전혀 없는 허무한 바람이라고 했다. 그렇다고 무슨 봄날에 이루지 못한 꿈이라도 있냐면 그 또한 아니다. 걱정이야 사는 한 끊이지 않는 것, 그것은 삶의 본질일진대 꿈속에서까지 시달릴 이유야 없지 않은가.

근년 들어 봄은 내게 점점 잔인한 계절이 되어가는 듯하다. 조팝나무 흰 꽃으로 내리는 이 아름다운 소생의 계절에 어째서 나는 바닥으로 가라앉는 기분이 되는 것일까. 그 까닭을 정확히는 몰라도 아마도 봄의 기운과 대비되는 내 안의 어떤 어둠이 자괴감의 그림자로 인해 더욱 짙어지기 때문이 아닌가도 싶다. 내게 외적으로 고통이 충분치 않을 경우, 내적으로 그것을 불러들여서라도 고통과 함께 살아가는 법을 배우는 것이 나의 구원에 투자하는 것이라는 이야기? 그렇다면 나의 이 봄앓이도 무의미한 시달림은 아닐 것이다.

사막의 은수자들은 고통 가운데서 영적인 메마름을 승화시켜 나가곤 했다. 우리 시대의 위대한 영성가요 저술가인 카를로 카레토 수사는 십 년간 사하라 사막에서 관상생활을 했다. 그에게 사막의 메마름이 없었다면 후세에 그토록 빛나는 영적 금언집을 남길 수가 없었을 것이다. 그는 고통이야말로 구원으로 가는 더없이 좋은 박차요 전략이라고 했다. 아마도 만물을 끌어올리는 뜨거운 태양과 고통의 극점은 서로 상통하는 것인지도 모를 일이다.

나락을 털고 일어나 봄 속으로 들어가기 위해 집안을 청소하고 목욕을 하고 옷을 갈아입고 사람들에게 전화를 걸었다. 그러나 막상 외출을 하자 곳곳에서 환호를 지르며 피어나는 봄꽃들의 위세에 또 금방 기가 질려 내 영혼은 어둠의 처소로 돌아가기 위해 허둥댄다. 기도는 영혼의 푸름이다. 기도하지 않을 때 내 영혼은 헐벗은 겨울 산이었다. 영적인 메마름 또한 기도하기 위해 부르는 구원의 손짓이다.

촛불을 켜고 고상苦像 앞에 앉아서 침묵 가운데 손을 모은다. 무엇이라 고할 것인가. 기도할 말을 찾기 위해 마음을 어지럽히기보다는 아무 말 않는 것이 더 좋은 기도인지도 모른다. 인간은 결국 신 앞에 단독자이다. 가장 절실하게 그것을 느낄 때는 절망 앞에 섰을 때나 중병을 만났을 때다. 인간에게서 위로받을 수 없을 때 보이지 않는 어떤 위대한 손을 바라보게 된다. 그러고는 겸허와 승복함을 읽는다. 또는 복종의 미덕이라 해도 좋을 것이다. 편안해지는 마음, 거기에 영혼의 안식이 있다.

'베티의 금고' 이야기가 있다. 기원전 4세기, 유흥과 환락의 도시 폼페이가 베수비오 화산 폭발로 인해 화산재와 돌덩이가 덮쳐 도시는 순식간에 거대한 산으로 변하고 말았다. 천여 년 동안 땅속에서 잠자던 폼페이가 긴 잠에서 깨어난 것은 한 수도사가 수도관을 고치는 과정에서 세상에 드러났다. 아직도 남은 부분이 발굴 진행 중에 있다는데 그 한 저택의 마당에 술 장사로 갑부가 된 베티라는 사람의 금고가 1900년 전 모습 그대로 화석이 되어 덩그러니 놓여있다고 한다. 재물과 욕망, 그 허망함의 현주소가 아닐 수 없다. 허황된 꿈을 좇아 부나비처럼 버둥대는 우리 또한 오늘의 베티가 아닐까.

꽃들이 자지러지게 피었다가는 이내 지고 마는 봄날에는 모든 사라지는 것들에 대해 생각하게 한다. 꾸었다가는 일어나면 금세 잊고 마는 꿈결 한 자락처럼 목숨 또한 종국에는 사라지는 것이니 생성과 소멸의 이름이 둘이 아닌 하나인 것만 같다. 봄 아지랑이 사이로 가물대는 훈풍이 저만치 멀어져간다. 잡을 수 없는 꿈처럼, 청춘의 어떤 날처럼.

인연

통도사 입구 무풍교舞風橋에는 지금도 솔바람이 불고 있을까. 단옷날이면 소나무 가지에 줄을 매달아 시원하게 바람을 가르며 그네 타던 처녀들은 이제 민들레 홀씨 되어 어디서들 살고 있을까. 그 '바람에 춤추는 다리' 아래 시퍼렇게 고인 '물풍지' 너럭바위는 유년의 동심이 영글었던 요람이었다. 정월대보름엔 대낮 같은 달빛이 솔잎 사이로 어른대는 오솔길을 걸었다. 달빛 아래 오릿길은 멀지 않은 길이었으나 통도사 일주문 앞 삼성반월교三星半月橋에 이르면 숨이 차오르곤 했다.

어느 해, 한더위의 열기가 지나고 조용한 바람이 벼 이삭을 어루만질 때였다. 사라호 태풍이 온 마을을 쓸어가던 날은 마침 가족들이 모두 모인 추석날이었다. 명절은 이미 몹시 술렁대고 있었고 황망중에 언니들과 함께 높다란 언덕에 서서 물난리를 바라보고 있었다. 초산마을을 잠기게 한 도도한 흙탕물에는 돼지와 베개와 사람이 함께 둥둥 떠내려오고 있었다. 세상이 준 공포와의 첫 대면이었다. 삶이란 영원하지 않다는 것, 재난은 언제고 불시에 닥칠 수 있다는 걸 떨리는 가슴으로 깨닫고 있었다.

어머니의 중년에는 남편이 존재하지 않았다. 여자 혼자 힘으로 포도송이 같은 자식들 건사하랴, 어머니의 입술은 언제나 건포도처럼 메말라 있었다. 집에는 갈 곳 없어 떠돌던 '꼬꾸랑할매'가 정착해 살림을 돌보고 있었다. 그 할머니가 장날마다 사주던 노란 콩고물 묻힌 긴 찰떡은 어린 시절의 결핍과 허기를 메워주던 사랑이었다. 어떤 겨울날, 누워서 화롯불에 손을 얹은 채 할머니는 숨을 거두었다. 최초로 만난 주검이었다. 죽음의 세계는 깜깜한 땅속일 텐데 답답하고 무서워서 어떡하나…. 인식이 깊어질수록 관념의 세계만 더욱 복잡해질 뿐이었다.

맥貘이란 동물은 꿈을 먹고 자라는 상상 속의 동물이라고 한다. 어린 시절 나의 맥은 엉뚱하게도 아나운서였다. 당시는 그 말뜻이 무슨 직업인지도 모르고 다만 교과서에 실린, 마이크 앞에 앉은 예쁜 여자를 동경해서였을 것이다. 후일 공무원이 된 후 자주 마이크를 잡는 부서에서 일하게 되면서 꿈 근처에는 서성이는가? 하며 혼자 속으로 웃음 짓기도 했다. 그러나 잠재된 소망은 작가였는지도 모른다. 내 안의 서정성과 만나게 된 것은 교내 백일장에 자주 불려 다니면서였다. 열여덟 살 때부터 쓰기 시작한 일기는 온갖 소망과 고뇌의 은신처였다. 현실감 없는 상상의 바다에서 노를 저으며 생래적으로 비관과 편견 쪽으로 기우는 감성을 우려하곤 했다. 선량하지 않은 문학의 본성과 만나는 때였다.

미래의 딸에게 보여주기 위해 소녀 적 사념들을 열심히 기록했건만 한 상자 가득한 젊은 날의 자화상은 쓰레기더미로 사라져버렸다. 이사하면서 객지 생활하는 딸아이의 헌책 상자인 줄로 오인한 엄마의 실수 때문이었다. 하긴 후일의 낯 뜨거움을 방지하기 위한 신의 배려였는지도 모르지만. 세월의 길이만큼 문장이나 표현력도 진일보한다면 얼마나 좋을까. 성장을 거부하는 아이, 아직도 나는 『양철북』의 오스카처럼 세상의 어떤 의무로부터도 자유로워지고 싶은 상념에 빠지곤 한다. 문학의 깊이는 자라지 않은 채 훌쩍 흘러와버린 시간에 대한 어이없음 때문이다.

인생의 중요한 일은 아주 사소한 사건으로 시작하는지도 모른다. 남편과의 인연은 버스에서 스친 한순간의 눈길에서 이루어졌다. 지금 생각하면 생애를 결정한 순간이었다. 물론 그 이전에 심각한 관심을 보여 오긴 했지만 그러한 관심조차 부담으로 여겨 그냥 스쳐 지나간 사람이었다. 여자의 퇴근시간에 맞춰 오렌지 빛 와이셔츠에 갈색 넥타이를 매고 관청 정문 앞에서 매일 보초를 서는 남자에 질려 통근

버스로 살래살래 도망을 치곤 했을 뿐이었다.

세월이 일 년 정도 흐르고 난 후였다. 신호 대기 중이던 퇴근길 버스에서 우연히 창밖을 보고 있을 때 길가에 걸어가던 그 남자와 시선이 마주쳤다. 순간 버스는 움직였고 피부가 유난히 흰 남자는 핏빛 얼굴을 한 채 버스를 따라 사력을 다해 달려오고 있었다. 본능이었을까. 그 순간 그놈의 연민이 강렬하게 부채질하기 시작했다. 저이도 남의 집 귀한 아들인데…. 자신을 향한 '보잘것없음'에 대한 가책이 그렇게 싸늘하던 마음을 완전히 돌려놓고 말았다. 운명을 돌린 그 순간 이후 우리는 마주보고 선 두 그루 은행나무가 되어 함께 노을을 바라보게 되었다.

생의 어느 한순간에도 우리는 쉬지 않고 인연의 끈을 짜고 있다. 사람과 사물과 자연과, 눈길 닿는 모든 인연이 전생의 카르마인 업으로부터 시작된다고 했다. 하늘의 별 하나가 내 눈에 닿기까지는 어떤 카르마가 작용했을까. 문청시절이 없는 내게 수필이란 인연이 늦깎이로 다가왔다. 일기 하나라도 제대로 알고 쓰자는 배움에서 시작됐으니 다가온 게 아니라 찾아나섰다는 말이 더 합당하겠다. 운명이란 게 길을 찾아가는 내부의 어떤 힘이라고 한다면 보이지 않는 그 길을 찾기 위해 혼신의 힘을 다해야 할 것이다. 마치 옛날 어떤 남자가 달리는 버스를 따라 죽을힘으로 뛰어서 인생의 목표를 이루었듯이.

시월의 산야는 아직 잎을 다 떨구지 않았다. 낭자가 낭군의 임이라면 바람은 잎새의 임이다. 수필의 임 또한 잎이 나무에 매달리듯, 창작의 열의에 사로잡혀 붓끝에 매달리는 수밖에 무슨 왕도가 있겠는가. 그러나 단순하면서도 아름다운 문장으로 말하기, 그것은 얼마나 어려운 일이던가. 아무리 매달려도 아직 나무의 목리도, 언어의 본성도 깨치지 못한 나는 그저 저무는 강가에 서 있는 나그네일 뿐이다.

한 편의 글이 나오기 위해 얼개를 짜고 문장과 어휘를 고르는 일은, 수필이란 맛난 요리를 버무리기 위해 좋은 재료와 양념을 준비하는 일이다. 다행히 일물일어의 합당하고 멋진 재료가 있어 한 끼 식탁에 오른 맛깔스런 요리는 수필가의 기쁨이겠지만 그런 흡족감은 생애 중 몇 번이나 맛볼 수 있을 것인가.

많이 생각하고 오래 삭혀서 빚어내는 한 줄의 고요하고 단정한 문장, 그것은 마음속에 깊은 울림을 가져다준다. 관념의 형상화를 위해 고뇌하는 밤이 있기에 작가는 행복하다. 비록 그것이 뼈를 깎는 정신고통이라고 해도 고뇌와 회한, 그것은 구원받을 수 있는 아름다움이기에.

유유자적

바람이 불고 몹시 추웠던 겨울 어느 날, 태어나서 자란 고향을 찾았습니다. 고향이란 개념보다는 막연히 태어났던 집을 찾아가보고 싶었습니다. 떠나온 지 이미 반세기이니 그 흔적이나 기다려주는 이 물론 없지만 어떤 향수가 마음을 설레게 하였겠지요. 약속이 없으니 시간 맞출 일에 종종걸음칠 이유도 없어 그 자체로 벌써 마음 느긋해집니다. 혼자이니 가뿐해져서 흔들리는 버스에다 몸을 내맡기고는 장닭처럼 꼬박꼬박 졸기도 합니다.

오래전부터 마음속 촛불 하나가 꺼지지 않는 심지 되어 펄럭이고 있었습니다. 수구초심이니 회귀본능이니 굳이 말하지 않더라도 사람이 나이 들어 수굿해지면 안태본安胎本을 그리는 것이 본능인지도 모릅니다. 한 포기 식물에도 그것을 키운 토양이나 바람이 있는데 하물며 지地, 수水, 화火, 풍風 우주의 기를 받아 형성된다는 사람의 몸피야 어찌 태어난 곳과 무관할 리가 있겠습니까.

버스는 흔들리며 자꾸만 옛날로 달아납니다. 대성, 공암, 모래부리, 이런 마을 이름들. 새내기 공무원 시절, 한번쯤은 푸른 꿈을 이고 달빛 속에 걸어갔음 직한 그 동네인데도 차창에 스치는 이들의 얼굴은 낯설기만 합니다. 버스가 잠시 섰다가 가는 간이정류소에 웬 단발머리 숙녀가 가방을 메고 서 있습니다. 주말이면 집에 가기 위해 먼지 풀풀 나는 신작로에 서서 차를 기다리던 내 모습을 봅니다.

통도사 삼거리에서 버스를 내리자 제일 먼저 보이는 것이 '고향' 다방이 있던 자리입니다. 물론 지금은 부동산 사무소가 자리 잡고 있지만 제겐 추억이 서린 곳이지요. 다방이라…. 열 살쯤에 받았던 통지표에는 "다방면에 소질이 있고……." 하는 이 말 때문에 적잖이 고민에 쌓였었지요. 그땐 마을에 다방이 처음 생겨났을 때고 어린 내가 다방 주변에 맴돈 적도 없는데 선생님은 왜 이런 말을 썼을까 하고 가슴을 콩닥거린 때가 떠올랐지요.

장場판은 이미 성시를 이루고 있습니다. 가는 날이 장날이라 오늘은 영취산의 취나물이나 푸성귀도 손에 넣을 수가 있을 것 같습니다. 사는 일이 무위해질 때는 더러 시장바닥에 나와 사람들의 활력을 담아서 갈 일입니다. 우리 집은 저잣거리가 늘어선 시장 한복판이 돼

있네요. 고고지성呱呱之聲을 울리며 태어났던 그 집은 이제 사진관으로 변해있습니다. 한때 내가 서점을 차리기도 했던 그 넓은 대청마루는 하얀 우산 같은 촬영 가리개가 서 있는 스튜디오로 바뀌었습니다.

장날이면 배냇골 사람들이 지고 온 참숯이며 삭다리(마른 나뭇가지)지게들이 즐비했던 장터는 곡물이며 나물전이 들어서 활기찬 아낙들의 웃음소리로 왁자합니다. 나는 설핏 출생의 번지수를 더듬기 위해 사진관 문을 밀고 들어섭니다. 어지럽게 널린 사진도구들이 휑한 실내에는 아무도 없는데 유리문을 밀 때의 종소리가 주인 아낙을 나오게 했습니다. 나는 사진 찍을 사람이 아니라 머쓱해져서 저도 몰래 발길을 돌렸지요. 그런데 주인 여자가 따라 나오며 "잘 찍어 드릴게요." 라고 말합니다. "사실은 이 집이 육십 년 전 제가 태어난 집이라서요." 나는 그만 발길이 잡히고 맙니다.

사진관 주인 아낙은, 아니 옛날 우리 집 주인장은 자분자분 이야기를 잘도 풀어냅니다. 이 집을 새로 지을 때의 얘기며 마당 한복판에 있던 우물의 기억도, 옆집 친구의 사는 이야기마저도 실꾸리처럼 이어나갑니다. 처음 대하는 동년배의 부인은 제 얘기를 들었다며 오래된 지인처럼 반가움까지 섞어 친절을 더했습니다.

하북면 순지리 691번지. 세상 구경을 처음 하던 이 땅의 지번이지요. 옛것은 낡아가고 추억만 살아있는 장터에서 나는 갑자기 한 그릇 국밥이 생각났습니다. 순무를 숭숭 썰어 넣고 벌건 소 피 국물에 끓인 김이 술술 나는 뜨거운 국밥을, 그것도 옛날처럼 천막 안 나무 걸상에 걸터앉아서 먹어봤으면 했지요. 그러나 그런 허름한 국밥집은 어디에도 없었습니다. 옛것에 대한 향수는 이제 교과서에서만 볼 수 있을까요.

채워지지 않는 허기를 안고 나는 흐린 날 오후의 암캐처럼 하릴없이 시정市井바닥을 서성입니다. 마당 넓은 어실댁 단감나무가 있던 자리는 노래방 건물이고, 방앗간으로 내려가던 보리밭은 초산동네로 넘어가는 큼지막한 다리가 들어서 있습니다. 큰 바위 얼굴처럼 드넓었던 영취산 봉우리는 그저 눈앞에 다가오는 한 개 바위일 뿐입니다. 한여름이면 그늘과 쉴 자리를 내어주던 당산나무도 이제 세월의 무게에 지쳤음인지 철망으로 가려져 속절없이 부는 바람에 흔들리고만 있습니다.

방패연을 날리던 연못가 언덕배기에도 올라봅니다. 어떤 설날, 자대를 돌리며 신나게 연을 날리고 있다가 전깃줄에 감전돼 새까맣게 타들어가던 '하꾸라이 복상' 의 죽음을 목격하던 일이 떠오릅니다. "아이들은 가라아." 어른들의 고함소리에 무서움에 떨며 설핏 물러나던 기억, 지금 나 또한 시간의 강물에서 물러나와 고향 언덕에 서 있습니다.

옹기점 가던 길이 이쯤인데…. 홀어머니가 애써 가꾸시던 논과 밭이 있던 골짜기, 그러나 그 길은 지방도가 시원하게 뚫려 분주한 차량들만 세월을 질주합니다.

'옹기' 김수환 추기경이 어제 선종하셨고 그 허전하고 빈 마음을 좇아 내친걸음으로 여기를 달려왔건만 어린 시절 흔적들은 자취도 없고 나를 키운 바람만이 스쳐 지나갑니다.

호젓한 마음으로 돌아옵니다. 사라져간 모든 것들이 편안하게만 보이는 것은 나이 탓인가요. 비로소 나는 내 삶 곳곳에 조여있던 볼트와 너트를 낱낱이 해체합니다. 영혼의 뼈대를 형성했던 고향의 사물들이 하나둘 사라지고 옛것이 없어진 자리에는 새로운 길이 나 있듯, 삶이란 결국 사라지기 위한 몸짓일 뿐. 나를 에워싸고 옥죄었던 고뇌와 원망들이 손가락 사이로 바람처럼 지나갑니다. 허무도 어쩌지 못했던 그 시간들이 미망처럼 아득합니다. 돌아오는 길, 어둠이 내리는 버스 안에서 나는 말없이 창밖을 내다봅니다.

늙음의 미학

영화 〈원더풀 라이프〉에는 '림보역'이 나온다. 사람이 죽어 영원한 망각 속으로 떠나기 전 일주일간 들러 간다는 곳이다. 이 역에서는 생전에 가장 아름답거나 행복한 순간 하나를 선택하고 그것을 영화 식으로 재연한다. 거기에 들른 영혼들은 그 재현된 기억 하나만을 가지고 사라진다. 만약에 그런 순간이 없거나 기억해 내지 못한 영혼은 언제까지나 림보역에 남아 심부름꾼으로 일하게 된다나.

살아가는 데 가장 필요한 세 가지 '금'은 지금, 소금, 황금이라고 했다. 내게 만약 림보역의 장면을 선택하라면 나는 '지금'을 선택하고 싶다. 지금이라는 현재가 없다면 우리는 이미 하늘나라 사람일 테니까.

모든 존재는 티끌로 돌아간다는 사실을 올곧게도 터득한 지금은 그저 주어진 대로 만족할 뿐 청춘의 투정도, 과욕의 허망도 사라지고 없으니 그 자체로 행복한 일이 아닌가.

나의 림보역의 화면을 지그시 바라본다. 한 여인이 식탁에 앉아 아침 신문을 뒤적이고 있네. 오월 햇살은 금빛 빗살무늬를 그으며 거실 깊숙이까지 비치고 있다. 경제란까지 찬찬히 읽고 있는데 창가에서 직박구리의 청아한 목소리가 들려온다. 잠시 뒷산이 내다보이는 창가로 고개를 돌린 여인은 한참이나 새소리에 귀를 기울인다. 새소리와 친구 되는 조용한 일상이 나날이 반복되고 있네. 화면 가득히 작고 소박한 것들 속에서 행복이 넘쳐나고 있구나.

컴퓨터로 한나절이나 글을 쓰다가는 책을 보다가, 눈이 졸리면 잠시 낮잠을 즐기기도 하는군. 그도 저도 아니면 꽃들이 만발한 베란다에 나가 은죽銀竹을 바라보며 분사 호스로 화초에 물을 주기도 하네. 지금 이 자리가 꽃자리, 모처럼만에 한유로운 정신세계를 누릴 수 있는 시간을 찾기까지 여인은 복잡한 시정에서 32년 세월을 에돌아왔다네. 시간이 퇴적한 자리, 행복이란 무언지 모르고 살아온 나날들에 대한 미안함과 경외감마저 묻어나고 있다네.

그 어떤 역으로 향하든 생의 초침은 어느 한순간에도 멈출 줄을 모른다.

늙음은 나이에다 살아온 만큼의 지혜가 더해지는 것이니 그리 나쁘다고 할 일만은 아닌 듯하다. 삶이란 아무리 초라한 것이라도 살아냈다는 사실 하나만으로도 귀한 것이 아닌가. 어머니는 예전에 칠순을 넘기고부터는 당신의 나이를 말할 때마다 늘상 '징그럽다' 며 살아온 시간들에 새삼 놀라워하곤 했다. 의지력이나 정신의 현주소는 그대로인데 밥그릇 나이만 자꾸 얹혀졌기 때문일 것이다.

머리에 흰 실밥이 얹히기 시작해도, 책을 보다 활자가 자꾸만 겹쳐져 와도, 삶이 옮아가는 과정이려니 여겨 개의치 않았다. 그러나 아주 사소한 일상의 단어들이 도무지 떠오르지 않을 때는 스멀스멀 서글픔이 밀려오기도 했다. 이를테면 십여 년을 기르던 '벤자민' 나무 이름이 생각나지 않아 사흘 동안 '제라늄' 만 읊어대던 그런 때 말이다. 어릴 적 어머니가 내 이름을 부를 때 왜 형제 대여섯의 이름을 다 불러대야 했는지도 이해하게 됐다. 그게 요즘의 나이니까.

나이에 대한 편견 없이 노년을 적극적으로 사는 이에게 고령이란 이유는 장애가 되지 않는다. 일본의 '우타가와 도요쿠니' 씨는 96세에 명문 사립 긴키 대학에 입학해 일본 최고령 대학생이 되었다. 풍속화가인 그는 초등학교 졸업 후 줄곧 붓을 놓지 않았다. 팔십 년 가깝게 함께 살아온 부인을 간병하며 가사를 돌보고 야간대학 수업을 받고 있으니 1인 4역을 거뜬히 해내는 셈이다. 대학생이 되고 나서 그가 한 말은 '내 딴에는 세상 돌아가는 이치를 깨달았다고 여겼는데 팔십 줄에 들어서야 비로소 아무것도 모른다는 것을 깨달았다.'

는 것이었다.

1962년 미국 우주인으로서는 최초로 지구궤도를 선회한 '존 글렌' 은 몇 년 전 우주왕복선 디스커버리호를 타고 우주여행을 떠나면서 세계최고령 우주인이 됐다. 미 항공우주국의 큰 관심사인 골다공증이 뼈와 골수에 미치는 영향을 분석 실험하기 위해 노년의 신체로 또 한 번 우주여행에 오른 것이다. 그리고 그 임무를 훌륭히 수행했다. 그는 '노년층이 더 이상 달력에만 매여 미리 의욕을 꺾지 말고 계속 야망과 꿈을 키워야 한다.' 며 세계 곳곳에 78세 노인의 지혜를 빌려주기에 바쁘다.

노인의 명예는 풍부한 경험에 있다. 무언가에 몰입할 수 있는 의지와 신념이 함께한다면 나이는 그야말로 숫자에 불과할 것이다. 평균수명이 늘어나면서 정년 후의 당당한 노후를 위해 마음다짐도 새롭게 해야 할 일이다. 경제적인 자립을 위해 죽는 날까지 통장을 꽉 움켜쥐는 것은 필수이고 자식들이 조금 무심해도 화내지 않는 쿨함도 겸비해야 할 것이다.

이제 우리 사회에서는 세련된 분위기의 카페에서도 계란 넣은 쌍화차가 나와야 한다. 실버세대들은 왜 젊고 발랄한 커피숍에서 슬슬 눈치 보며 경로석으로 밀려나야 하는가. 오늘도 나는 스타벅스가 '실버벅스' 가 되는 날을 꿈꾸어본다.

그립습니다

"이제 시간과 공간을 버려야겠다. 사리를 찾지도, 탑을 세우지도 마라. 내 것이라고 하는 것이 남아있다면 모두 맑고 향기로운 사회를 구현하는 데 사용해 달라."

법정스님이 가셨다. 봄꽃이 아직 만개하기 전, 삼월 이른 봄날이었다.

그날은 남편의 정기검진일이었다. 대장내시경 검사를 들어간 남편을 기다리며 종합병원 대기실 의자에서 무심코 TV화면을 바라보고 있었다. 의식 사이로 언뜻 '법정스님 입적' 하는 자막이 흘러갔다. 심경이 초조했던 때라 다시 또 시선을 모았다. 커다란 푸른색 자막은 반복해서 흐르고 있었다. 순간 텅 빈 마음속에 종소리 하나가 울려퍼졌다. 슬픔처럼 낮은 파장으로 울리는 지긋한 통증, 어디서 이제 그 맑고 단순한 정신을 만날 수 있을 것인가. 저도 모르게 입 속으로는 계속 '그립습니다.' 이 한마디를 되뇌고 있었다.

마지막까지 거처했던 스님의 산골 오두막에는 바람과 물소리만 가득했다. 뒤늦게 내린 봄 폭설이 녹아 지붕에서는 눈물 같은 빗방울만 흘러내릴 뿐 사람의 흔적은 찾아볼 수 없었다. 굴피지붕 처마에는 난초가 새겨진 나무 현판과 풍경만이 주인을 기다리고 있었다.

그의 삶은 어디에도 안주하지 않았다. 여행자이고 나그네임을 숙명으로 여겨 구차한 삶의 어디에도 머무르지 않았으니 진정한 자유인의 행로가 아닐 수 없다. 강원도 산중에 홀로 지냈으나 어느 날인가에 스위스의 산정이나, 소로의 월든 호숫가에 서 있기도 했다. 그리고는 또 돌아와 산중의 얼음을 깨고 물을 길어 장작불을 지폈다.

스님의 책들을 좋아한 것은 수행자의 글답게 맑고 쉽기 때문이었다. 그의 수필집은 마치 느끼한 돼지고기를 먹은 후의 깔끔한 새우젓갈에 비유할 수 있을까. 세속의 제약이나 굴레에 거침이 없었던 그 삶은 때 묻지 않은 그만의 향기로 투영되었고, 맑은 정신에서 우러나온 소박한 언어들은 어떤 형용사로 치장된 글보다도 깊은 울림을 주었다.

"내가 단순하고 간소하게 살아가는 데 도움을 주는 이들은 좋은 친구이다. 그러나 간소하게 살려고 하는데 자꾸만 뭔가 갖다 주는 사람은 나에겐 달갑지 않은 친구이다. 아무것도 갖지 않았을 때 온 세상을 차지할 수 있다. 우리가 무엇인가를 가졌다고 할 때 크건 작건 그것의 노예가 된 것이다. 그것으로부터 소유를 당하는 것이다. 그러므로 부자유해진다." 일생 검박한 삶을 실천하고 산 그는 비움이 곧 충만의 시작임을 가르쳐준 스승이었다. 물질의 탐욕과 집착에 사로잡힌 시대에 뭇사람들에게 이른 '무소유'는 분수를 알고 욕망을 다스리라며 내리치는 죽비 소리였다.

버리고 또 버린 삶. 겉치레와 형식, 감투를 싫어했던 스님은 생전에 불교계와 종단의 행정에 관여하지 않았다. 대학생 시절 출가한 55년 불가佛家의 길에서 그 흔한 사찰주지 한번 맡은 적이 없었다. 언제나 대중과 한 걸음 떨어진 곳에서 홀로 수행하고 생활했다. 평소 '큰스님'이라 불리는 것도 질색했으나 조계종에선 그에게 대종사大宗師를 추서했으니 저 너머에서 스님께선 그마저도 반기실지 모를 일이다.

스님에 대한 존경으로 탄생한 성북동 길상사吉祥寺가 문을 열었을 때 거기에도 자신을 위한 방 한 칸 마련하지 않았다. 법회를 위해 대중들과 만난 후엔 곧바로 바람처럼 떠나곤 했다.

사람들은 산골스님의 솔바람소리에 목말라했음에도 때때로 대중 앞에 서는 일마저도 무척 심한 자기저항을 느끼곤 했다. 법회를 마치고 나면 자신의 속은 텅 비고 말았기 때문이다. 대체 무엇 때문에 사람 앞에 나서서 떠드는가. 나서는 게 어떤 의미가 있는가를 고뇌하면서 세상과의 만남을 무척 조심스러워했다. 그동안 풀어놓은 말빚을 다음 생으로 가져가지 않겠다며 자신의 책들을 절판해 달라신 당부는 아마도 그런 정신에서 나옴이 아니었을까.

스스로에게 끊임없이 나는 누구인가를 물으며 산 사람, 그 어떤 사람도 되고 싶지 않고 그저 자신이고 싶어 했던 사람, 나답게 산다는 게 어떤 것인가를 생각하게 해준 스님의 빈자리는 그래서 더욱 허허롭기만 하다. 분명한 자의식을 갖고 살았던 '참 인간'과 함께 동시대를 살았다는 기쁨을 이제 더는 누릴 수 없게 됐다.

가볍고 가볍다. 육신을 벗고 영혼만 떠나는 길, 스님의 유지에 따른 운구는 간소했다. 연꽃이 장식된 커다란 관棺도 없이 평소의 승복 그대로 딱딱한 대나무평상 위에 누운 채 빛바랜 붉은 가사만 덮었다. 조사 한마디 없이 영결식마저도 생략되었다. 강원도 오두막에서 마음을 씻으며 길어낸, 아니 그 이전부터 닦은 비움의 정신 그대로다. 구름이 대웅전 용마루까지 내려온 검은 하늘 아래 스님의 법체는 문수전 법당에 잠시 모셔졌다.

다비장 언덕으로 오르는 길…. 역시 만장도 꽃상여도 없는 행렬이다. '비구比丘법정'이라고만 쓴 위패와 영정이 있을 뿐. 하지만 수많은 대중에게 무소유의 불꽃을 새기고 간 결코 초라하지 않은 행렬, 전날까지 찌푸렸던 하늘도 화사한 봄 햇살을 쏟아냈다. 비구 법정이라-. 자신은 단지 중일 뿐이라는 그 소박한 단어 하나가 오래도록 마음에 남았다.

활활 타오르는 불꽃. 불길 속에서 연꽃이 피어나듯 사람들은 화,중,생,연火中生蓮을 외쳤다. 아름다운 마무리였다. 삼월의 눈꽃 속에 정토로 떠나간 스님은 늘 푸름을 잃지 않고 꼿꼿이 서 있던 소나무였다.

그날 스님을 애도하는 TV 화면에선 생전에 즐겨 들었다던 바흐의 무반주첼로곡이 무겁게 흐르고 있었다. 가사장삼에 밀짚모자 하나로 불임암이 있는 대나무 숲을 성큼성큼 걸어가는 스님의 자태. 한 시대의 청정한 정신이 가고 있었다.

고향

가을날에 혼자 논둑을 걷는다. 빈 들판은 아무것도 없음으로 더욱 충만하다. 황금빛 노을과 풍요로운 농심으로 인해 가득 채워진 대지, 오늘은 한가로이 그 길을 밟는다. 불볕 속에서 허리 굽히던 모내기의 노래는 주전자를 든 채 이고 가던 새참 소쿠리의 기억과 함께 사라져갔다. 타작마당의 탈곡기 소리도 이명처럼 귀에서 왈왈거리고 돌아갈 뿐 잠방이를 걷어붙인 힘센 일꾼들은 이제 한 폭 그림으로만 살아있다.

모내기를 앞두고 일꾼을 놉 하러 가던 일을 기억한다. 예닐곱 살 어린 소녀는 엄마 심부름으로 타박타박 밤길을 걸었다. 낮에도 으스스한 '소전끌'에는 소나무 숲 사이로 어른어른 달빛이 일렁대고 있었다. 바람소리마저 몰아치자 절로 나는 귀신 생각에 오소소 몸을 떨었다. 사립문에 다다르자 목소리를 높였다. "종구아버지 계셔요?" 호롱불 사이로 동그랗고 검은 놋쇠 고리가 달린 장지문이 벌컥 열렸다.

"그래. 내가 종구다." 텁수염이 시커멓던 억센 일꾼 이름을 바로 불러댔으니 달빛 아래 선 꼬마가 무슨 철인들 있었을까.

짚으로 이엉을 엮던 초가집의 정서는 민속촌에서나 볼 수 있을 뿐, 개발이 향수보다 우선하여 고향을 점점 사위게 했다. 단옷날 머리 감던 창포물은 샴푸가 대신하고 정월대보름에 짓던 달집은 고전이 되어버렸다. 장날이면 들끓던 지산 · 평산 · 모단 사람들. 삼태기를 메고 배냇골에서 뜯어오던 그 취나물 향내가 맡고 싶다. 벌건 시우쇠를 다루어 낫이며 호미를 만들어내던 기우네 풀무간은 흔적 없이 사라지고 국밥집이 들어선 그 자리엔 좌판에 의자만 질편하게 널렸다. 목이 긴 늙은 아버지와 아들만 오형제가 오글오글한 방에서 바글대던 그들은 지금 어디서 무얼 하며 살고 있을까. 기억은 수십 년 전에 머물고 육신은 낡고 어눌해 이미 황혼을 바라보고 섰다.

사시장철 맑은 물이 흐르던 통도사 계곡물도 예전 같지가 않고 무풍교舞風橋에서 불어오는 청정한 솔바람만이 고향의 기운을 되살려준다.

극락암에 이르던 어느 여름날, 갑자기 흐려진 하늘에서 후두둑 빗방울이 내리기 시작했다. 산자락에 휘감겨 숲은 짙어지고 좁은 황토길에서는 실뱀들이 양쪽에서 스멀스멀 기어 나오기 시작했다. 태몽처럼 바글대는 뱀을 피해 갈짓자로 걷다가는 친구와 나물바구니를 팽개치고 혼비백산해 도망을 치고 말았다. 언제부턴가 이 땅에 땅꾼들이 넘쳐나더니 웬만한 산에선 뱀의 모습도 볼 수가 없게 됐다. 사람들은 보양을 위해서라면 생태계의 변화도 두려워하지 않게 됐다.

우편함에 꽂힌 대부분의 봉투에서는 사람 냄새가 나지 않는다. 대부분의 고지서나 통지서에선 차가운 기계음과 세상의 거래 통로가 있을 뿐 따스한 정감을 찾아볼 수는 없다. 나의 사춘기는 우체부 아저씨의 자전거 바퀴 소리와 함께 시작됐다.

장터 뒷골목을 돌아 따르릉대며 대문 앞에서 서던 그 자전거 소리를 얼마나 애태우며 기다렸던가. 가슴 설레던 연서가 아니더라도 객지에 나간 친구의 음성이 전해올 때면 마음 깊이 충만한 행복감에 젖곤 했다. 등불 아래서 써내려가던 연정이나 우정, 고향은 연필로 꾹꾹 눌러 쓴 편지글이다.

보고 싶어도 아니 만나지는 이가 있고, 생각지도 않았으나 자주 만나지는 친구도 있다. 그 친구는 자주 만나지는 못해도 기억 속에선 언제나 소녀로 머무르고 있다. 군에 간 남자친구에게 우연히 써 주기 시작한 편지 대필이 그들을 결혼으로까지 이끌었으니 다복한 그 가정을 볼 때마다 마음속에 축복의 파문이 인다. 내 몸보다 더 아끼고 위해주었던 소녀 적의 우정은 서로간에 축원이 되어 풍진 세상을 함께 살아간다. 장년은 나이만 더해감이 아니라 세월의 경륜에다 지혜도 함께 쌓아가는 일이다.

고향은 승용차보다는 노선버스다. 언제고 가고 싶으면 갈 수 있는 곳, 기억 속의 자양분이 되어 일생 바뀌지 않는 것이 당산나무 둥지 같은 본향의 그늘이다.

먼지를 따라 내닫던 시골버스의 기름 냄새에는 아련한 향수가 배어 있다. 어두운 밤, 어머니의 귀가 시간은 언제나 그 매캐한 휘발유 냄새와 함께했다. 머리에 인 포목보따리를 받아 이면서도 어머니의 삶이 지난한 것이었다는 것을 안 것은 세월이 한참 지나서였다. 사는 일이 팍팍했음에도 어머니의 평상심은 늘 마음속 고요를 잃지 않았다. 새벽마다 장독대 위에 얹히던 맑은 정화수井華水 한 그릇. 이제 어머니는 나의 정화수가 되었다.

미리내 묘역에 누우신 어머니는 은하수만큼이나 큰 사랑을 자연 속에 간직하고 계신다. 이순이 넘어 이리도 자연 사랑이 깊어지고 있음은 나도 어쩔 수 없이 어머니를 닮아감이 아닐까 싶다. 봄이면 꽃봉오리에서 터져 나오는 한 송이 꽃이 대지의 신비인 줄을 몰랐고 계곡의 물소리에서도 우주의 화음을 느낄 줄 몰랐으니 젊어서야 어찌 자연의 오묘한 이치를 알 수가 있었으랴. 이제 산천을 바라보던 어머니의 그 깊고 그윽한 눈매 속에서 자연을 경애하던 마음을 그려본다. 자연은 영원히 순수하고 진실하듯 고향 또한 누구에게나 그러하다.

낙엽의 빛깔이 무르익는 계절, 서운암에 이르는 오솔길은 일부러

자동차 속도를 늦추어야 한다. 낯익은 산천이, 바람이 나 여기 있노라고 애절한 눈짓을 보내는데 모른 체 내달린다는 것은 그들에 대한 예의가 아니기 때문이다. 구르는 자동차 바퀴 사이로 몸부림처럼 흩어지는 마른 이파리의 군무. 한 철 소임 마치고 왔던 곳으로 다시 떠나는 그 마지막 손짓은 경건한 낙엽의 제전이다. 고향은 존재의 뿌리를 찾아가는 생의 귀착점이다. 강변에서 홀로 부는 피리 소리다.

그런데 글을 쓰고 있을 때에는 아늑함을 느낀다. 그 시간에는 글빚에 대한 불안도, 시간에 대한 미안감도 존재하지 않는다. 거기엔 무한한 꿈과 이상과 자아실현이 함께한다. 거기가 바로 광야에서 헤매다가도 언제고 돌아갈 수 있는 따뜻한 집이고 고향이기 때문이다. 그렇다. 문학이 바로 나의 우주요 영원한 고향이다.

내 이름은 오니

며칠 전에 산 책을 읽는다. 차인표가 쓴 『잘 가요, 언덕』이다. 미국에서 경제학을 전공한 그가 소설을 쓰기 시작한 것은 연기생활을 시작한 지 얼마 후인 서른 살 때부터였다. 위안부로 끌려간 이후 반세기 넘는 세월을 지나 캄보디아에서 발견된 '훈' 할머니의 사연을 알고 나서였다. 수년의 습작기간과 탈고 과정을 거쳐 그는 배우 차인표에서 작가 차인표로 거듭나게 됐다. 배우에서 작가로서의 영감을 준 그 사건은 내게도 지대한 관심의 대상이었다. 책을 읽기 전, 십수 년 전의 스크랩북을 뒤져 훈 할머니의 사연을 만나본다.

작은 몸에 크고 고운 눈을 가진 할머니. 그는 열일곱 어린 나이에 일본군에 의해 위안부로 강제 징집되었다. 맑고 순박한 채 아무런 잘못도 없었던 한 여인의 '잃어버린 오십 년' 은 그렇게 시작되었다. 창씨개명을 통한 그녀의 이름은 '오니' 였다. 그는 함께 붙들려온 수백 명의 한국여성과 함께 캄보디아로 향하는 배에 올랐다. 눈물의 뱃길 한 달여 만에 도착한 곳은 프놈펜이었다. 이후 배꽃같이 여린 처녀들은 뿔뿔이 흩어져 일본군 막사를 전전하며 살아야 했다.

이차대전이 끝날 무렵, 일본군 중위를 만나 잠시 동거하기도 했으나 전쟁 후 그는 딸 하나를 남긴 채 할머니를 버리고 일본으로 돌아가버렸다. 할머니의 사연이 세상에 알려지자 그 일본인은 후일 신문기사를 통해 그때 훈 할머니를 진정으로 사랑했노라고 고백했지만 되돌릴 수 없는 세월 앞에서 그 알량한 진심은 아무런 의미도 되지 못했다.

이후 할머니는 생존을 위해 캄보디아인과 결혼, 메콩 강 유역의 프놈펜 북쪽 스쿤마을에 정착하면서 '훈' 이라는 이름을 얻게 된다. TV도 전기도 없는 궁벽한 시골마을이었다. 당시 폴 포트 정권 아래서 외국인은 죽임의 대상이었기에 할머니는 한때 체포돼 말할 수 없는 고초를 당하기도 했는데 그 충격으로 인해 과거의 일을 거의 잊어버리고 말았다.

오십 년이란 질곡의 세월 동안 할머니는 외모마저도 캄보디아인을 닮아갔다. 고문 후유증과 함께 한국말도 거의 잊어버렸으나, 끌려가는 딸을 뒤따라오다 울부짖으며 끝내는 주저앉아 통곡하던 어머니의 모습만은 생생하게 기억하고 있었다. 그리고는 어머니, 아버지란 단어를 어렴풋이 떠올렸다. 겨울철이면 동네사람들과 모여 김장김치를 담그던 일, 썰매를 타던 일, 그네뛰기, 널뛰기 등 한국 고유의 풍습을 차례로 떠올렸다. 물속에서 부유하던 그녀의 삶은 한국과 캄보디아를 오가며 약재상을 하던 한국인을 만나 세상 밖으로 떠오르게 된다.

할머니의 호적상 이름은 이남이였다. 언론 보도를 통해 몽매에도 그리던 조국 땅을 밟게 되고 유전자 감식을 통해 여동생도 만나게 된다. 일흔넷의 나이에 고향을 찾았으니 실로 57년 만의 해후였다. 그러나 딸을 그리던 어머니는 한을 품고 운명한 후였다.

"여긴 흙 담이 있던 자리, 마당엔 야채를 심었지, 대문 앞엔 논이 있었고 어릴 땐 저 나무 밑에서 뛰어놀았어." 마산 진동면의 고향을 찾아 가족과 함께 추석을 맞이한 할머니의 기억은 열일곱 댕기머리 소녀로 돌아가 있었다.

"아버지…, 이제야 왔습니다…." 동그란 뿔테 안경에 모시적삼을 입은 조선의 딸은 반세기 통한의 세월을 돌고돌아 허연 백발을 이고 산소 앞 선영에서 엎드려 통곡한다. 서러운 흐느낌은 가녀린 어깨 위에서 파도가 된다. 얼마나 그리던 부모님인가. 낯선 땅, 치욕의 세월 속에서 얼마나 참아온 눈물이었던가. 훈 할머니, 아니 한국의 딸 이남이는 고향 잔디 위에서 목 놓아 울고 있었다.

그러나 팔 개월 후 할머니는 이국 땅 캄보디아에서 그 생을 마감하고 만다. 우리말과 자신의 이름마저 잊어버려 스스로 일본군 위안부 피해자라고 떳떳이 밝히지 못하면서도 「아리랑」 한 소절을 애절하게 불렀던 훈 할머니. 그의 눈물은 조각난 우리 과거사를 웅변보다 더욱 강렬하게 대변해주고 있었다.

할머니의 소원은 무엇이었을까. 아마도 모든 평범한 여인네들처럼 호롱불 밑에서 오순도순 아이들과 일 나간 남편을 기다리며 소박한 웃음을 나누는 현모양처가 아니었을까. 그러나 그는 꽃다운 나이에 이역의 전쟁터로 끌려가 짐승 같은 사내들에게 몸과 영혼을 철저히 유린당한 뒤 이 땅에 일 점 혈육 없이 들꽃처럼 외롭게 사라져간 것이다.

차인표의 『잘 가요, 언덕』은 훈 할머니의 사연을 모델로 한 우리 역사의 아픈 과거를 어루만지는 상징적 공간이 되고 있다. 타인의 불행을 제 일처럼 깊이 아파할 줄 아는 그는 이 책에서 용서를 통한 구원을 이야기하고 있다.

위안부를 징발하는 임무를 맡았던 작중인물인 일본군 '가즈오'는 선한 의지를 가진 한 어머니의 착한 아들로 묘사된다. 그는 자국自國의 부당한 정책에 동조하지 못하고 위안부로 끌려가는 주인공을 구하기 위해 끝내는 자신의 목숨마저 버려 산화한다. 작가는 일본의 양심을 구하고 싶었던 걸까.

훈 할머니로 묘사한 호랑이마을 순이의 입을 통해 그는 이렇게 말한다.

“용서는 그들이 빌기 때문에 하는 게 아니라 엄마별 때문에 하는 거야. 엄마별이 너무 보고 싶으니까. 엄마가 너무 소중하니까.” 라고.

그는 이 작품을 통해 용서의 너그러움과 영원한 모성인 어머니의 품을 생각하게 한다. 드러나지 않은 이 땅의 수많은 훈 할머니의 영혼을 위로하는 마음과 함께 작가 차인표의 다음 행로가 궁금해진다.

기행

죄의 사슬은 아프다. 무슨 죄목이었을까. 역모에 휩쓸렸든, 거짓 상소上疏의 소용돌이였든, 수백 년 전 고산은 이 물길 건너 어떤 심경으로 귀양길에 올랐을까. 세상 바깥으로 유리된 적막감, 세파에 휘둘려 갈피 흔들린 수심이 흡사 심해 저 너머 성난 파도를 닮지는 않았을까.

—「보길도의 봄」 중에서

히에라폴리스 언덕에 부는 바람

파묵칼레의 아침이 밝았다. 하얀 솜을 덮은 듯한 웅장한 바윗덩이가 눈앞에 펼쳐졌다. 새벽의 신성한 기운을 안고 히에라폴리스의 언덕에 오른다. 그 언덕에 서자 일순 에밀리 브론테의 『폭풍의 언덕』이 떠올랐다. 그러나 여기는 캐서린이 사랑한 히스클리프의 열정과는 거리가 먼 아득한 고대역사가 살아 숨 쉬는 땅이다.

사람이 사라진 도시, 로마 왕정 시절 번성했던 도시의 유적은 성터 흔적과 무너진 기둥의 잔해들만이 고대사의 영화를 말해주고 있다. 3세기경 시리아의 거대도시 중 하나였으나 그 후 쇠퇴, 지금은 역사

유적지로만 남아 네크로뽈레란 공동묘지가 조성됐다. 네로 시절 로마의 지원으로 세워진 이 도시는 자연의 여신 아타르가티스를 모시는 중심지였으므로 당시에는 가장 신성한 도시였다.

수천 년 세월에도 죽지 않고 시들지 않는 잡초와 풀꽃들은 파릇파릇 이슬을 머금어 함초롬히 고개를 내밀고 있다. 새벽이어서일까. 새소리는 청량했고 공기는 그지없이 신선했다. 아득히 형상만 남은 성터 주변은 회색빛 신령한 운무에 휩싸여 있었다. 그 기운이 말할 수 없는 신비로움을 가져다주었다. 조감도로만 설명되는 도시 역사에 풀잎 하나, 구름의 흐름도 예사롭지가 않았다.

요정처럼 피어난 개양귀비꽃의 빨간 꽃술 안에는 뚜렷하게 검은 십자가가 새겨져 있었다. 그래선지 십자군 시절에 많이 사랑받던 꽃이라 했다. 보랏빛 들꽃 사이로는 여기저기 민달팽이가 많이 보였다. 앞서가는 터키 현지 인솔자는 일상처럼 허리를 굽혀 발밑의 달팽이를 집어 자꾸자꾸 풀숲으로 넣어주었다. 누군가의 발에 밟히면 끝나고 말았을 달팽이의 생애가 선한 이를 만나 새로운 삶으로 돌아가는 시각, 사람의 삶도 생의 여정에서 누구를 만나느냐에 따라 그 운명이 달라지기도 한다.

B.C.600년경에 세워진 히에라폴리스 원형극장. 로마의 콜로세움을 연상케 하는 이 극장은 반원형으로 축조됐다. 콜로세움이 원형으로 세워져 도락이나 순교, 검투사들의 시합이나 마차경기장이었다면 이 건물은 연극이나 오케스트라 등 공연예술을 위한 장소였기에 당

연히 반원으로 지어졌을 것이다.

이만오천 명 이상의 관객을 수용할 수 있는 규모의 이 야외원형극장은 헬레니즘시대에 처음 만들어졌다. 이후 극장의 삼층이 네로 황제와 셉티무스 세베루스 시대에 지어졌으나 현재 남아있는 것은 2세기경의 유적이라 한다. 각 단은 층계식 계단으로 이루어졌으며 실내 정면은 각종 부조와 원주, 창으로 장식되어 있고 최상단인 윗부분에는 다양한 동상이 세워져 있다.

수천 년 역사의 돌계단에 서자 새벽 정기 속에서 로마인들의 샌들 소리가 들려왔다. 공연을 위한 웅성거림 속에 무희들의 화려한 분장과 무대의상을 갈아입는 모습, 시간의 타임머신을 타고 고대시절로 돌아간 나는 관중들의 환호와 박수 소리도 함께 듣는다.

예술을 향한 인간의 본성은 언제부터였을까. 고대 시절 이미 찬란히 꽃피우고 즐겼던 공연예술의 현주소 앞에서 우리 민족성과의 아득한 거리감을 느낀다. 오천 년 전 그 시절에 우리는 아직 단군신화를 엮기도 전이었다.

로마인들이 목욕문화를 즐겼던 목욕탕 건물 잔해는 상상을 초월할 만큼 방대하다. 물론 귀족과 평민의 시설은 분리됐을 것이다. 시저를 위해 죽은 검투사들의 석관 또한 즐비하게 늘어섰다. 노예검투사들의 일생을 다룬 영화 「글레디에이터」의 시신 역시 저런 돌무덤에서 잠자고 있을까.

당시의 아폴로 신전은 펜스로 막아놓고 복원작업이 한창이다. 아레나(검투장)였던 곳으로 추정되는 곳엔 무너진 바위마다 투우와 검투 장면이 부조돼 있다. 발밑에 밟히는 작은 풀꽃에도 의미를 붙이고 싶은 마음, 찬란히 밝아오는 햇살과 함께 고대유적의 정수를 만난다.

파묵칼레의 아울렛에서 마침 이날 생일을 맞은 남편을 위해, 터키의 장시간 일정에 지친 일행들에게 선물로 초콜릿을 돌렸다. 투어버스 안에서 울려 퍼지는 생일축하 노래와 박수 소리. 여행은 이래서 가끔씩 잊을 수 없는 날이 되기도 한다.

기원전 324년 로마황제 콘스탄티누스 1세는 비잔티온을 로마제국의 새 수도로 삼았고, 서로마제국이 멸망하자 이 도시는 동로마제국의 수도가 되었다. 17세기경 오스만제국은 세계에서 손꼽히는 강대국이 되었다.

그래서 터키 땅 전역은 살아있는 고대사의 문화유산이다. 아고라(광장)의 자리. 수호신 아르테미스를 섬겼던 에페소에 서다. 바오로가 전도했던 사도행전의 에페소는 성서의 땅으로 기억했었으나 기원전의 에페소는 그리스의 도시요 신들의 도시였다. 신화의 본고장으로 알고 있는 그리스에서는 파르테논 신전을 본 기억밖에 남아있지 않으나 지중해를 사이로 근접했던 에페소에는 오히려 찬란하게 번성했던 신들의 거리가 살아있다.

제우스의 딸이요 사냥과 풍요의 여신이었던 아르테미스를 모셨던 장소에는 기둥의 부조에 그대로 남았다. 고관들의 회식 장소, 시저 신전, 사과 껍질을 든 헤라클레스. 사월인데도 사정없이 내리쬐는 지중해의 따가운 햇살을 선글라스로 가리며 신화 속 수많은 신들과의 만남에 잠시 정신이 산란해진다.

신들의 거리에서 신들은 죽고, 세계 각처 순례객들이 성시를 이룬다. 승리의 여신 나이키와 포옹하고 목이 날아가 버린 헤르메스 앞에서 사진들을 찍느라 신전의 경외감은 멀리 달아나고 장터는 발 디딜 틈이 없다. 인종과 인종의 목소리, 무리와 무리의 혼잡 앞에서 인간의 자존감은 사라지고 없다. 신화와 함께 살았던 고대인들의 삶은 어떤 것이었을까. 절대 군주와 절대 신의 조화 속에서 그들은 결코 인간으로서의 자주성이 있는 삶을 살지는 않았을 것이다.

성터 기둥에 기대서본다. 가장 큰 건물의 형상으로 남은 셀수스 도서관 유적이다. 바람은 저 갈 데로 불어가고 역사는 흔적만 남아 무수한 생각과 상상만을 낳는다. 인간의 역사와 미래, 운명 그것들은 어디로 흘러가는 것일까.

보스포루스 해협 그 푸른 물결

그리스령 레스보스 섬을 바라보며 트로이로 향한다. 에게 해의 휴양지 아이발룩을 뒤로하고 고도가 높은 산능선지대를 달린다. 고원지대 산언덕에는 한참을 가도 진초록 올리브나무가 주종을 이루고 있다. 유럽인들이 완벽한 기름이라 일컫는 올리브유의 나무가 해풍을 받아 바람결에 흔들리며 아침의 태양을 찬미한다.

헥토르와 아킬레스의 역사적인 싸움, 알렉산더 시저와 대시인 호메로스의 초상 등 고대의 흔적이 바로 눈앞에 펼쳐진다. 그러나 트로이의 역사를 함부로 보여주지 않겠다는 듯 사월인데도 세찬 비바람과 추위가 보통의 기세가 아니다. 점퍼의 후드를 올리고 모자와 마스크로 중무장을 해도 어깨가 떨리기는 마찬가지다.

기원전 3천 년부터 로마시대 오백 년까지 발굴된 트로이 역사가 시대별 연표와 함께 설명된다. 입구에 설치된 커다란 목마는 트로이의 상징인 듯 역사와 시대를 거슬러 장대하게 서서 망망한 에게 해를 바라보고 섰다.

지금은 호머의 '일리어드'로만 기억되고 있는 트로이. 일리우스(트로이 원 지명) 언덕에 서면 전설과 신화 속 이야기가 현실이 되어 꿈틀대기 시작한다. 트로이 목마 이야기는 지진과 바다의 신인 포세이돈을 상징하는 것이 말馬인 연유에서 비롯된 전설이라는 것이 정설이다. 무너진 성곽 위에 서면 누구나 메넬리우스 군과 아름다운 왕비 헬레나를 차지하기 위해 십년전쟁을 치른 파리스 왕자를 생각하게 될 것이다.

오늘날 터키의 지방도시에 불과한 타르소는 고대의 소아시아에서 가장 손꼽히는 대도시였다. 클레오파트라 평전에 의하면 연인 카이사르가 죽은 후 안토니우스를 처음 만나던 장소가 바로 타르소 땅이었다.

당시 강으로 이어진 시가지에서 클레오파트라는 온갖 보석으로 치장한 배를 타고 강을 거슬러 올라와 안토니우스를 만났다. 선체는 황금빛이요, 바람을 받아 크게 부풀어 오른 돛은 가장 값비싼 색깔인 자주색이었으며 갑판 중앙에는 금실로 수놓은 장막이 좌우로 열려있고 그 아래 옥좌에 사랑의 여신 비너스로 분장한 클레오파트라가 앉아 있었다. 노예들은 은으로 만든 노를 저으며 피리와 하프 가락에 맞추어 춤을 추고 배에서는 형용할 수 없는 향기가 바람을 타고 날아왔다. 이 화려한 첫 만남에 안토니우스는 그만 혼을 빼기고 말았다.

클레오파트라는 그의 마음을 사로잡기 위해 수단과 방법을 가리지 않았다. 행여 안토니우스가 권태를 느낄세라 늘 새로운 쾌락을 개발했고 날마다 산해진미에 악사와 무희를 동원한 화려한 볼거리를 제공했다. 끝내 안토니우스는 그녀의 노예가 되었고, 로마의 최고 권력자를 연인으로 둔 덕분에 그녀는 지중해 세계에서 가장 많은 재물과 권력을 소유한 여왕이 되었다. 팜므파탈의 원형 클레오파트라, 타르소가 사도 바오로의 고향이란 사실보다 클레오파트라 이름이 먼저 떠오른 것은 속된 치기였을까. 그렇다 치더라도 지명을 따라 연상되는 여인들의 이름을 따라 지중해여행은 이어지고 있었다.

에게 해의 물빛은 글로 표현할 수가 없다. 푸른가 하면 청자 빛이고, 쪽빛인가 하면 잉크색이다. 수평선이 하늘과 맞닿아 켜켜이 색깔의 층을 이루는 무한 바다가 한없는 자유와 방랑을 충동질한다. 사월 봄볕이 유람선 갑판 위에 따갑게 내려앉는 날, 해수면 낮은 곳에 즐비한 유럽식 궁전들을 바라보며 보스포루스 해협을 흘러간다.

흑해와 지중해를 잇는 지표면 그 이상의 의미. 운명이 허락한다면 만년에 이곳에 와서 살고 싶을 만큼 아름다운 항구다. 햇살에 반짝이는 모스크의 첨탑들은 이 나라가 이슬람국가임을 무언으로 말해준다. 붉은색 바탕에 초승달과 별, 터기 국기는 어디서고 바람에 높이 나부끼고 있다.

오스만제국의 콘스탄티노플이 포위됐을 때 뱃길을 이용해 이 도시를 지켰던 원형의 성곽이 눈앞에 우뚝 선다. 현재는 이 웅장한 성이 여름철 음악페스티벌의 장소로 쓰인다고 한다. 해변에 크림 빛깔의 외관이 수려한 궁전식 호텔이 스쳐 지나간다. 우리나라 노무현 대통령이 묵었던 숙소로 하룻밤 숙박료는 팔백만 원이었단다. 권력의 허망함은 이슬처럼 사라져 간다. 남편은 갑판 위 선상에서 눈을 지그시 감은 채 머릿결을 쓰다듬고 있다. 무슨 생각을 하고 있을까. 이번 보스포루스 크루즈 일정을 보면서 내 머릿속엔 전설적인 여류시인 사포를 떠올리고 있었다. 고대 그리스문화가 왕성했던 레스포스는 사포의 출생지이기 때문이다.

귀족의 딸로 태어난 사포는 어릴 때 정쟁政爭을 피해 시칠리아로 망명했다. 머리에는 월계관을, 어깨에는 붉은 망토, 손에는 황금의 하프를 들고 백마가 이끄는 마차를 타고 환호하는 군중에 휩싸여 고향인 레스보스 섬으로 귀향했던 것이다.

결혼 후 남편과 사별, 사숙을 열어 양가의 젊은 여성들과 함께 생활하며 시, 음악, 무용, 예의범절을 가르친 그녀는 그래서 한때 동성연애자로 의심을 받기도 했으니 레즈비언의 어원이 사포의 레스보스에서 나왔다는 것이다. 아름다운 미모와 검은 빛을 띤 피부의 사포는 다정다감, 소박, 우미했으며 도의적 기품을 잃지 않은 시인이었다.

후일 파온이라는 젊은 청년에게 한없는 연정을 품었으나 그는 사포를 존경했지 사랑하지는 않았다. 이미 메릿타라는 처녀노예를 사랑하고 있기 때문이었다.

끝내 사포는 둘의 사랑을 축복해주고는 "인간에게는 사랑을, 신에게는 숭앙을, 당신들에게는 즐거움을, 그리고 나를 잊지 말아다오." 하고는 두 손을 높이 든 채 에게 해의 깊은 바다 속으로 몸을 던졌다. 오늘날 호메로스는 '그리스 시의 왕' 으로, 사포는 '그리스 시의 여왕' 으로 불리게 됐다.

해협을 돌아나오자 대형 모스크 옆에 앉아 한 노인이 어망을 손질하고 있었다. 일과 인생, 그의 삶은 흑해의 바다에서 고기 잡는 일이 전부였을까. 흰 수염, 시간을 초월한 듯한 그 표정이 오래도록 마음 속에 남아 있었다.

탐진강 붉은 노을

강물은 잠들어 있었다. 가끔씩 수면에 은비늘로 반짝이는 것은 가로등 사이로 비치는 먼 불빛이었다. 기행에 나선 밤 나그네들은 강둑을 걷고 또 걸었다. 탐진강이라…, 성냄과 어리석음과 이기심의 탐진치貪嗔癡 삼독심三毒心을 다 삼키고 재웠다는 뜻일까. 그러나 강의 이름은 신라시절 탐라에서 조공을 진상하러 왔다 해서 붙여진 유래를 안고 있었다. 한낮의 오욕과 인내를 견뎌낸 정화의 물줄기는 모성의 젖줄인 양 깊은 숨소리로 흘러내렸다.

지식경제부가 지정한 문학특구인 장흥, 이 땅 어디에 문학의 본류가 흐르고 있는지 강물의 원류를 따라가 보면 알 수 있을까. 전국 문인들을 초청해 전남기행의 역사를 이루는 저력 또한 예향 문사들의 당찬 열의가 있기에 가능했을 것이다. 행사장에서 축사를 하는 군수도, 색소폰을 멋들어지게 부는 경위도 모두 글쟁이고 보면 이 고장이 왜 문학특구인지를 미루어 짐작게도 한다.

조선조 열세 분의 문사를 배출한 기양사岐陽祠 돌계단을 오른다. '글을 읽지 않으면 밥을 먹지 말라.' 는 고매한 선비정신이 깃든 곳이다. 가사문학의 산실이 된 이 서원에서 백광홍은 최초의 한글 기행가사인 「관서별곡關西別曲」과 문집 『기봉집』을 집필하고 후학을 길렀다. 역사에 새긴 학자들의 얼이 담긴 서당의 후원에 후세 문필가들이 조심스레 발길을 내딛는다. 뜰에 선 아름드리 향나무에서 풍기는 그윽한 향기에서 옛 선비들의 문향을 맡는다.

서원을 방문할 때는 우측 쪽문으로 들어왔다가 나올 때는 좌측 쪽문으로 출입해야 한다는 것, 계단을 오를 때도 역시 오른발을 먼저 딛고 내려갈 때는 왼발 먼저 디디라는 예법은 학문 못지않게 몸의 행신 또한 삼갔던 선현들의 정신이 엿보이는 대목이다. 무심한 세태 속에서 사라져가는 옛것에 대한 존중, 온고지신의 미덕이 지켜질 때 새로운 정신문화의 부흥도 기대할 수 있을 것이다.

해산토굴로 가는 길, 작가 한승원의 접빈接賓의 미소는 하얀 달처럼 소박하다. 올이 가는 모시잠방이에 두루마기바지, 트레이드마크가 된 벙거지모자의 수수한 매무새가 참 편안하다. 연전에 찾았을 때의 그 감나무가 있던 잔디마당은 수련과 물고기가 노니는 연못으로 변했다. 아래 편에 새로 지어진 '한승원 문학학교' 에는 '달 긷는 집' 이란 이름을 새겼다. 대가연하는 멋을 부리거나 외양에 치우치지 않고 그의 말대로 옷감의 결과 무늬와 바느질 흔적과 호주머니를 없애고 들꽃처럼 수수하게 지어진 작가의 산실이 정남진 바다를 바라보며 율산마을 한편에 말없이 섰다.

스님이 참선하다 물 길러 갔는데 옹달샘에 달이 빠져있었다. 달을 떠 와서는 좋아라 집에 와 보니 달이 없어졌다. 그래서 슬피 울다 죽었다. 스님이 얻으려 한 달은 진리였고 이태백이 건져 올린 달은 최고 경지의 예술세계의 시혼이었다.

격의 없이 뜸벅뜸벅 느릿한 그의 강의는 주로 선문답 형식인데도 문학의 정수와 진리가 그 안에 있다.

"눈앞에 보고 있는 한승원은 껍데기, 영혼을 담고 있는 집이 몸뚱이. 우리 개개인은 달 긷는 집이다. 힘껏 축복하라. 사람의 모든 근기는 성적인 힘에서 나온다. 어떤 스님이 하루에도 몇 번씩 벌떡벌떡 일어나는 남근을 싹뚝 잘라버렸다. 그것을 왜 끊느냐. 그 열정을 글 쓰는 데 사용하면 좋은 작품을 쓸 수 있을 텐데. 자른다고 그 욕정이 사라지나?" 곳곳에서 박수가 흐른다.

십오 년 전 늦여름, 그는 우이동에서 큰아이 생일을 지내고는 바로 낙향해 장흥 집필실 생활에 들어갔다. 그때 도깨비가 말했다. '네 얼굴은 연꽃인데 네 다리는 시커머냐.' 말도 안 되는 것, 그것이 화두란다. 도깨비가 그의 영혼을 담보로 돈을 꿔 줘서 시야에 보이는 산야 모두를 샀다고 한다. 그 담보 조건이 쓰고 싶은 것, 읽고 싶은 것 다 하면서 미쳐 살 수 있느냐? 였는데 그는 약속대로 그렇게 미쳐서 산다고 한다.

부럽다. 눈앞에 펼쳐진 바다 · 산 · 들 모두가 다 내 것인데 나 같은 부자 봤냐고 설파하는 그 호기가 진정한 부러움이다. 우리는 단 한 번이라도 미쳐서 글을 써 본 적이 있던가. 삶의 당당한 주인으로 살아간다는 것의 의미는 저런 것이 아닐까.

바닥 강의실에 가득 찬 청중 사이로 소반에 받쳐 든 찻잔이 날라진다. 버스 두 대로 온 이 많은 사람에게? 혀끝에 감도는 다향이 예사롭지가 않다. 알고 보니 옆방에서 사모님이 직접 감오차를 우려내고 있었다.

차와 선禪이 한 몸茶禪一切이라 믿는 선생께선 봄철이면 볕 좋은 날을 골라 아내와 더불어 야산을 돌며 한잎 한잎 찻잎을 땄다. 그 찻잎을 뜨거운 불가에서 땀 흘리며 아홉 번 이상 덖어 말렸다. 그 손길에다 스물일곱에 결혼한 아내 임감오의 이름을 붙여 감오甘五차가 됐다. 「아제아제 바라아제」 · 「포구」 · 「화사」 · 「연꽃바다」 · 「해산 가는 길」 등 셀 수 없이 많은 작품의 산실에는 아내의 내조와 숨은 노고도 함께하고 있었다.

오래전에 신문 기사에서 참 멋진 문인의 프로필 사진을 본 적이 있다. 은발의 지성. 배경으로 찍힌 억새밭 덕분에 그 은발의 미소가 더 좋아보였는지도 모른다. 미백未白 이청준 선생의 모습이었다. 진목마을 선생의 생가에는 가신 임의 흔적뿐 좁다란 마룻바닥만이 손길 벌려 길손들을 앉힌다. 작년에 타계한 그의 모습은 이제 앞마당에 현판으로 선 연표 속에서만 볼 수가 있다.

아니 작품 「눈길」에서, 「당신들의 천국」과 「축제」·「서편제」에서 언제나 그는 살아있다. 「선학동 나그네」를 그린 영화 「천년학」에서도 고향마을 포구에서 한 마리 학이 되어 비상하는 산줄기로 환생하는 그를 만날 수가 있다.

미백과 해산 두 분은 1939년 같은 해에, 미백이 두 달 먼저 태어났다. 동갑이었으나 두 분께선 서로를 '미백 형' '한 형' 하며 존대를 했다. 포구 하나를 사이에 두고 두 분은 서로 다른 소설을 엮었다. 남도의 끝자락 회진의 바다에는 무슨 사연이 그리 일렁이고 있기에 두 선생께선 끝없는 소설을 엮어내고 있었을까.

나는 수필 한 편을 쓰면서도 힘에 부쳐 괜스레 화장실을 들락거리고 물을 마시기도 하며 쓰는 일이 천형인 듯 여겨 핑계대기에 급급하다. 올해 일흔이 된, 해산의 지치지도 않고 소설을 쓰는 불기둥 같은 뚝심은 어디에서 오는 것일까. '지금 나는 늦가을, 곧이어 눈이 오고 바람이 불 텐데 꾸물거릴 여유가 어데 있나. 그래서 열심히 부려먹는다, 이 한승원을.' 하던 그의 말이 가슴에 남았다. 치열한 작가정신을 배우고 온 남도기행의 날이 저물고 있었다.

그가 날 불러서

이 가을, 그가 나를 사로잡았다. 섬세하고 이지적인 사나이, 칠피 단화를 신고 서양음반을 수십 개씩이나 모았으며 흑백 대비 강한 프랑스 영화를 즐겨 보던 사람.

백 년 전에 우리 곁에 왔다 간 그의 실제 삶은 지극히 도회적이고 세련된 것이었으나, 문학 속의 삶은 진한 흙냄새 진동하는 투박한 것이었다. 우연히 날아든 한 장의 팸플릿을 보자 봉평의 낮은 구릉과 개울과 달빛을 받은 물레방아가 그려졌다.

가자. 메밀꽃 흐드러진 봉평장으로. 가고 없는 사람, 그 흔적을 따라서.

길은 어디고 산을 따라 흐르고 있다. 겹겹으로 안개에 휩싸인 산허리가 진경산수의 수묵화를 바라보는 듯하다. 강원도의 깊은 산세를 빼고야 어찌 봉평을 이야기할 것인가. 부산서는 장장 다섯 시간의 찻길이다. 세월이 지날수록 그 애틋한 토속미의 언어들이 더욱 문향을 발하는 가산可山의 생애를 더듬어 새벽길을 나선 꿈 너머 꿈의 여행. 차창 너머로 자주 옥수숫대가 거뭇거뭇 스치자 눈앞에 현수막이 얼굴을 내민다. '이효석 탄생 100주년-〈효석 문화제〉.'

장판은 이미 발 디딜 틈이 없다. 그제서야 아차, 날을 잘못 잡았구나 자책한다. 작품의 흔적은 간데없고 먹을거리 풍물패만 장사진이다. 이래서야 어찌 효석과의 은밀하고 그윽한 데이트를 나눌 수가 있을 것인가. 우두망찰하게 섰던 우리는 생솔가지 얼기설기 엮어놓은 섶다리를 텀벙텀벙 건너간다. 발밑으로는 장마 후의 부연 개울물이 제법 힘차게 흐르고 있다. 달빛 아래서 그날의 동이가 허생원을 '해깝게' 업고 건너가던 그 물살인가. 흐르는 물은 다만 말이 없다.

누구에게 물을 것인가. 여보시오 벗님네, 문학관 가는 길이 어디요. 각설이도 엿장수도 메밀묵 장수도 호객 행위에만 열을 올릴 뿐 그네들이 봉평을 찾은 내 속내를 어찌 알 것인가. 하긴 축제마당의 떠돌이 장꾼인 이들이 바로 오늘의 생원이요 선달이요 초시어른이니 봉평장의 주인들이 아닌가.

헤집은 인파만큼이나 수많은 계단을 오르자 거기 효석문학관이 황톳빛 석조건물의 단아한 자태로 서 있다. 사진 속의 그는 동그란 뿔

테 안경에 중절모를 쓰고 입술을 오므린 채 먼 곳을 응시한다. 깃이 뾰족한 와이셔츠에 좁다란 넥타이를 맨 단정한 모습이다.

단명短命을 예견한 것이었을까. 연보年譜에 나타난 그의 생애는 불꽃처럼 강렬하다. 대학을 졸업하던 이듬해인 스물넷에 화가 지망생이었던 신여성과 혼인했으나 허무하고도 짧은 결혼생활이었다. 살붙이로 산 지 십 년째 되던 해에 아내와 차남을 함께 잃었으니 그의 실의와 방황을 짐작하게 된다. 알토란 같은 자녀들과 함께 찍은 단란한 가족사진 속에서 미모의 부인이 여민 옷고름의 자태는 단정하고 고아하다. 부인과의 사별 후 불과 이 년 만에 결핵성뇌막염으로 그 또한 세상을 등지고 만다. 푸르고 푸른 나이 서른여섯이었다.

1930년대 후반, 거실에서 찍은 한 장의 흑백사진 앞에서 오래도록 머문다. 무엇이 발목을 잡은 것일까. 그것은 비스듬히 기대앉은 멋진 등의자도, 'merry x-mas' 라고 쓴 영문 장식판도 아닌, 벽에 붙은 프랑스 여배우 '다니엘 다류' 의 웃고 있는 사진 때문이었다. 어린 시절 귀에 익은 그 배우의 이름이 시대를 넘어선 교감을 불러왔다. 한편에는 뒤주만 한 축음기가 뚜껑이 열린 채 자리한다. 아름다운 여배우를 사랑했던 이효석. 실제로 그는 집에서 항시 피아노를 연주했으며 영화와 음악과 축음기의 열광적인 애호가였다고 한다. 아마도 평양에 정착해 숭실전문학교 교수로 재직하던 무렵이었던 듯하다. 시간 저 너머로 입을 벌린 축음기가 서구 문물을 동경한 모더니스트였던 이효석의 모습을 잘 보여주고 있다.

「메밀꽃 필 무렵」을 쓸 때가 서른 무렵의 이 시기였으니 도회적인 생활에 젖어있으면서도 토속미 물씬 젖은 고향의 서정을 그토록 요요夭夭하게 그려낸 것이다. 명문대 영문학과를 졸업한 인텔리였으나 그 정신세계의 나침반은 항시 나서 자란 강원도 산천의 억센 자연 향취에 머물러 있었으니, 향토색 짙은 작품 「들」·「산」·「돼지」·「고사리」 등이 이를 잘 말해주고 있다.

허벅지게도 피어났다. 천지가 메밀꽃 세상이다. "소금을 뿌린 듯한" 흰 꽃밭으로 들어간다. "객줏집 토방이 너무나 더워 혼자 일어나 개울가에 목욕하러 나갔지. 지금처럼 메밀꽃이 하얗게 핀 달밤, 돌밭에 벗어도 좋을 것을 달이 너무도 밝아 옷을 벗으러 물방앗간으로 들어가지 않았겠나." 허생원이 운명의 성서방네 처녀를 처음 만나는 장면이다. 아니 첫날밤이 마지막 날이었으니 '처음' 이란 말은 아예 없음이 옳은 일이다. 바로 동이가 잉태되던 밤이었건만 작품 어디에도 동이가 '내 아들' 이란 직설적인 표현은 한 마디도 없다. "짐승 같은 달의 숨소리." 그랬다. 동이의 출생은 문제의 달빛 때문이었다.

가을바람엔 그리움이 묻어난다. 구릉을 덮고 있는 자욱한 소금밭 너머로도 안개 같은 그리움이 물결친다. 바람에 일렁이는 메밀꽃은 어느덧 푸른 달빛이 된다.

'여보시오 생원어른. 달빛을 머리에 이고 어디로 걸어가시오. 온밤 내 타박타박 걸어 새벽을 깨우시려오? 대화장까지 칠십 리 밤길, 벌판과 산길 고개 너머 '뼈를 찌르는' 밤 물 건널 때 젖은 고의적삼은 어디서 말리셨소? 얼금뱅이에 왼손잡이로 평생 장바닥의 객줏집 토방을 떠돌던 당신의 생애. 내 어미 또한 드팀전의 장돌이였다오.'

산허리에서 일렁대는 메밀밭 한가운데로 늙은 나귀 한 마리 앞세운 허생원이 허랑한 발걸음으로 걸어간다.

그 위에 또 하나 인텔리 보헤미안의 영상이 겹쳐진다. 퇴락한 나무 의자의 흔적, 손때 묻은 풍금, 뚜껑 열린 축음기. 보따리를 쌌다 풀었다 하는 장돌뱅이와도 같은 삶이었다. 정착하고는 싶었지만 가슴속에 한이 많았던 효석. 진부령 여울목 서울 평양 만주로 떠돌던 그는 고향의 메밀밭에 정착했다. 허생원은 바로 작가 자신이었음을 바라본다. 이효석, 그는 봉평 사람이다.

보길도의 봄

봄이 무르익고 있었다. 눈길 가는 데마다 색색의 봄꽃이 만개해 숨이 차오를 듯하다. 신은 참 자비롭고 공평하다. 겨우내 삭막한 나목만을 보여주더니 인간에 대한 측은지심에선지 꽃부터 활짝 피우고 나서 잎눈을 틔운다. 매화가 그렇고 목련이나 개나리 · 진달래 · 벚꽃이 그러하다. 꽃들이 지고 난 가지에는 신열을 앓는 초록이 대지를 적시우리라. 봄꽃과 함께하는 여행은 생기에 차 있다. '건강의 섬 완도' 푯말이 보이기 시작하자 마음에만 접어 오던 보길도가 눈앞으로 성큼 다가왔다.

찰랑이는 은빛 물결은 봄볕 아래서 졸고 있다. 잔잔하게 남실대는 청갈색 보료 위에서 순한 바다를 지그시 바라보는 안복에 젖어본다. 배 저어라, 배 저어라. 섬 전체가 시인의 거대한 유물관인 고산국孤山國의 낙원을 향하여. 완도항을 미끄러져 사뿐 걸음을 내민 여객선은 자동차와 여심旅心도 함께 싣고 바다를 가로지른다. 배에 실린 승용차에 앉아 창창한 수평선을 바라보고 있으니 내 몸은 땅인지 물 위인지 분간이 없다. 창파가 저리도 고요하다면 차라리 풍덩 뛰어내려 걸어가고픈 충동에 휩싸인다.

죄의 사슬은 아프다. 무슨 죄목이었을까. 역모에 휩쓸렸든, 거짓 상소上疏의 소용돌이였든, 수백 년 전 고산은 이 물길 건너 어떤 심경으로 귀양길에 올랐을까. 세상 바깥으로 유리된 적막감, 세파에 휘둘려 갈피 흔들린 수심이 흡사 심해 저 너머 성난 파도를 닮지는 않았을까. 그러나 답사기행에 나선 오늘의 물길은 잔잔하기 그지없다. 시대도, 사람도 변했다지만 역사 앞에 흔들리지 않는 것은 조선조 빼어난 학자의 심혼이 외로운 섬 보길도에 묻혀있다는 사실이다.

오늘의 보길도는 그러나 외롭지 않다. 십 년 전에 올 때는 완도에서 배를 타고 배소配所인 '청별' 선착장에 내렸는데 이제는 제비처럼 날렵한 연륙교가 두 군데나 생겨 바닷길을 이어준다. 달라진 뱃길로 노화도에서 내려 자동차로 민박집에 다다른다. 달빛은 구름에 가려 사위가 고요하다. 서럽도록 아름다웠던 예송리 밤바다의 기억을 더듬어 해변을 찾았다. 그러나 무상타. 차르르르 차르르르 밤새워 갯돌에 파도소리가 밀려가던 그 천연의 음악 소리는 간 곳이 없다. 어지럽게 널린 어구와 여기저기 움푹움푹 팬 사구는 달빛 아래 황폐하게 버려져 있다. 희고 매끄러웠던 미소년의 해변은 방치된 채로 쓸쓸히 늙어가고 있었다. 환상은 꿈인 채로 그대로 간직했으면 더 좋았을 것을.

부용동芙蓉洞에서도 경치가 빼어났던 동천석실洞天石室에 오른다. 아슬아슬한 절벽 위에 세운 한 칸짜리 정자, 고산이 말년에 머무르며 서책을 즐기고 신선처럼 소요했던 은자의 처소다. 일전에는 지반도 녹이는 무더위 때문에 오르지 못하고 아쉬움으로 남겨두었던 곳이라 가파른 발걸음에 의지가 배인다. 다도를 즐기던 오목한 차 바위, 한 사람만이 거닐 수 있는 희황교 돌계단 등은 세속의 속박에서 벗어나고자 한 내면의 흔적들이 아닐까. 아득한 산상 절벽 위에서 서책을 벗삼아 자연에 동화되지 않았다면 유배지를 떠돌던 노시인의 심화를 어디에서 위로받을 수 있었을까. 그곳에는 남인도 북인도, 노론도 소론도 없었다. 눈이 시리도록 푸른 물빛과 벗처럼 찾아오는 솔바람 소리뿐이었으니….

왕자 봉림대군과 안평대군의 사부를 거쳐 공조판서를 지낸 그는 천문, 지리, 공학으로부터 음악과 문학에 이르기까지 능하지 않은 학문이 없었다. 51세, 처음 보길도를 찾던 해에 산의 혈맥을 좇아 길지에 지었다는 낙서재樂書齋는 동천석실에서 정면으로 마주 보이는 위치에 자리한다. 자고 나면 처소에서도 절벽 위 정자를 마음에 품었음을 알 수 있는 부분이다. 집터는 옛 주인의 흔적만을 안고 있고 한

곳에 차곡차곡 쌓아둔 기왓장들은 사라져간 시간의 타임머신인 양 흩날리는 봄비 사이로 속절없다.

격자봉 바위에 오운대 은선대 소은병 낭음계 등 이름을 붙여 의미를 주었으니 말없는 그 물상의 자연은 시인의 숨결을 기억하고 있을까. 그가 이름을 붙이기 전에는 하찮았던 돌다리도 비홍교, 사투암으로 되살아나 숨을 쉬었으니 자연이 곧 시요 음악이었다. 풍류로 말한다면야 곡수당曲水堂만 한 곳이 있을까. 심산에 흐르는 물길을 연결해 달밤에 마루에 서서 물소리를 들었으니, 운율 타고 흘러내리는 석간수의 청아한 리듬에 귀를 씻는 정신적인 풍요를 아무나 생각할 수 있었을까. "평생 산수를 사랑하는 병이 깊더니…. 비로소 이 섬에 흥을 붙이고 근심을 잊었노라."라고 고백했던 그 목소리가 들릴 것만 같다.

병자호란의 국치와 추잡한 당쟁의 소용돌이를 피해 자기구제와 초속적인 자유를 구가하던 세연정洗然亭에는 오늘도 「어부사시사漁父四時詞」와 「산중신곡山中新曲」이 흐르고 있다. "지국총 지국총 어사와 / 배 띄워라 배 띄워라 / 온갖 고기 노니나니."

송홧가루 날리는 휘늘어진 적송 아래서 기녀들로 하여금 춤 추고 술잔을 따르게 하며 가무와 기예를 즐겼던 정원 후미에는 핏빛 같은 동백만이 뚝뚝 흐르고 있다. 시절도 무상하고 인물도 간 곳 없다. 그러나 자연과 시인의 감성이 보길도만큼 잘 어우러진 곳이 있을까.

비는 그치지 않는다. 미끄러운 암벽 위에서 송시열의 '글 쓴 바위'

답사를 끝으로 안개 흘러내리는 섬의 꼭지에 선다. '망끝전망대' 에서 펼쳐지는 우수의 회색 바다. 세차게 와 닿는 빗줄기에 쫓겨 자동차에 앉아 자욱한 운무 속에서 가라앉은 갈두항을 바라본다.

세상을 온통 삼킬 듯한 안개천지. 자동차 안에서는 「헝가리 무곡」이 울려 퍼진다. 안개 속 해변의 장중한 음악 소리, 음악이 사람을 전율케 할 수 있는가. 있고 말고다. 사유의 밑바닥까지 예리하게 내리꽂히는 소나기 같은 음률의 향연. 격렬한 연주는 이때 소리가 아니요 영혼의 울림이다.

십 년 만에 찾은 보길도, 십 년 후 이 섬에 다시 올 수 있을까.

서귀포 연가

제주를 그리는 그대여.

구시월 단풍이 무르익을 쯤이면 서귀포로 한 번 오십시오. 기계 같은 일상에 갇혀 살아도 나비처럼 나는 마음은 늘상 호수 저편의 피안을 꿈꾸지 않습니까. 기내에서 풍기는 커피 향은 달콤한 유혹입니다. 후각에서 피어올라 감성으로 번지는 원두의 나른한 자극은 그대 여정의 첫 설렘입니다. 보이는 만큼만 소유했던 세상 모든 사물들에서 이제 남쪽의 작은 섬나라 기억 하나가 또 더해집니다.

제주 시내 도로변 한복판을 지키고 서서 소실점으로 모아지는 가로수는 하나의 정선된 풍경입니다. 이전 기억으로는 분홍빛 유도화가 서 있었는데 지금은 한결같이 야자수가 심어져 있어 남국의 정취를 더해줍니다. 훌쩍 큰 키를 바람에 일렁이고 선 것은 워싱턴야자, 제비같이 날렵한 코코넛야자, 나지막하면서도 넓은 어깨를 펼치고 선 것은 카나리아야자라고 하네요. 어릴 적, 코 큰 이방인은 다 미국 사람인 줄만 알았듯이 야자수는 다 똑같은 것이라고만 믿었었는데 상세하게 수종에 눈뜰 수 있음은 우리 부부를 초대한 이가 나무 박사이기 때문입니다.

나무를 사랑하는 그대여.

사람은 하고 싶은 일 한 가지쯤은 마음에 품고 살지 않습니까. 땅에 대한 의지와 나무를 귀애하는 마음이 한 개인의 토지에 이렇듯 모아진 것을 보는 것은 드문 일입니다. 서귀포 중문단지 앞, 6만여 평의 대지에는 바다 건너에서 공수해 온 수백 가지 기이한 나무들이 고향을 그리듯 하늘 보고 섰습니다. 눈꽃 속에서도 온몸에 빨간 진주열매를 단다는 먼나무를 비롯해 구실잡밥나무, 홍가시나무 등 처음 듣는 수종이 대부분이라 마치 수목원에 나무 견학을 온 듯한 착각에 빠져듭니다.

이분에게 있어 나무 역사는 바로 인생 그 자체입니다. 우장춘 박사 정원에서 집을 허물 때 공수해 왔다는 고목은 고목대로, 남국의 야자수와 강원도에서 온 적송들도 다들 서로 묵언으로 키 재기를 합니다. 마음에 드는 은사시나무 한 그루를 구하기 위해 연출했던 무용담은 가히 무협지 수준이라 전국에서 모인 갖가지 나무들이 모두 사연을 안고 있습니다. 밀감밭을 지나 망고 농원이 있고, 걸어가도 아득한 수목들의 행진은 한 인간의 집념이 일군 대역사大役事입니다. 자식 사랑하듯 나무에 애착한 수십 년 세월도 자연과 바람의 결과물입니다.

제주의 아침에 부는 바람이여.

새벽을 흔들어 깨우는 미명 속에 야자 잎새를 세차게 뒤흔드는 그대는 새날의 전령인가요. 낙타의 굽은 등에 실린 행장인 양 제 무게에 겨워 흔들리는 나뭇가지들은 속절없이 너울대며 그대 숨결에 몸을 내맡기고 있습니다. 하기야 삼다三多의 나라에서 어찌 바람이 빠지겠습니까. 창 너머로 전개되는 것은 온통 해미에 휩싸인 푸른 바다입니다. 수평선의 경계마저 바다와 맞닿아 지금은 그저 바다가 하늘이고 하늘이 바다입니다. 바람과 하늘과 바다의 정조가 농담 짙은 수묵화의 화폭에 담겨 제주의 푸른 속살을 내비치는 정결한 아침입니다.

숙소 아침 바다에서 빤히 바라다보이는 곳이 여미지如美知식물원입니다. 열대림 한가운데서 하늘을 찌를 듯한 기세로 선 아보카드 짙푸른 잎사귀 앞에서 걸음을 멈춥니다. 파초 잎 그늘이 하도 넉넉해 그 아래 쉬고 싶어졌기 때문입니다. 아프지 않은 생은 없다지만 어떠한 가난에도 사람은 살아지고, 그리고는 사라집니다. 사라져 간 사람들은 다 어디에 가 있을까요. 세포처럼 번져나간 여인초旅人蕉 잎줄기에는 수분을 머금고 있어 여행자가 목마를 때 이 물을 이용한다네요. 식물은 완상함에만 있지 않고 생명수 역할도 함이니 화초를 귀히 여기고 가꾸어야 할 또 다른 이유입니다. 『어린왕자』의 바오밥나무는 너무 빨리 자라고 오래 사는데다 뿌리는 왕자의 별에 구멍을 뚫어 근심거리였다지만 여미지의 바오밥은 지친 여심旅心에 생기를 주는 그저 잎새 푸른 제주의 나무일 뿐입니다.

마음속에 제주를 품은 그대여.

한경면에 자리한 '생각하는 정원' 을 보셨는지요. 정교하게 손질된 분재 화분들이 수도 없이 도열한 아름다운 정원에서 잠시 무엇을 생각해야 할지 어리둥절해집니다. 사람의 손끝이 만들어낸 분재 예술의 극치를 바라보며 아이러니컬하게도 자연미의 진정성을 떠올립니다. 식물도 나무도 자연 그대로 숨 쉬게 할 때 편안하지 않을까 하는 마음은 분재에 대한 식견이 없는 제 무지의 소치일까요. 그지없이 아름다운 아방궁은 그러나 성터처럼 고요합니다. 조금 비싼 입장료를 현실화하면 어떨까도 생각하게 하니 여하튼 '생각하는 정원' 은 그 이름값을 하나봅니다. 이럴 때 한 잔의 따뜻한 차가 생각납니다.

다도茶道를 즐기는 그대여.

녹차 하면 보성 차밭을 떠올리던 내게 제주에도 이리 넓은 녹차밭이 있음을 미처 알지 못했습니다. 탐라의 순후한 바람결과 현무암의 토질이 그렇게 구수한 태평양설록차의 맛을 일군다는 것도 처음 알았지요. 현대식으로 다듬어진 전시관의 소란함 속에서도 연녹색의 다향을 입술로 음미합니다. "차 한 사발은 바로 참선의 시작"이라며 다선일여茶禪一如를 주장했던 이규보는 지금 여기 없으나 잎차 한 잔의 깊은 맛은 선禪의 경지까지도 이르게 하겠지요. 차와 술은 불이不二라고 했으니 술에 취하지 않고는 시를 지을 수 없었다던 그는 혹여 술의 해독에서 벗어나려고 차를 마시지나 않았을까요.

제주를 그리는 그대여.

잠시라도 생의 중압감 내려놓고 깊은 휴식과 침묵 속에 거하고 싶을 때 제주도 서귀포로 오십시오. 해안선 일주도로를 돌아 산방산 정상에 서면 난바다 푸른 물결이 다 내 것입니다. 존재가 점으로 좁혀지는 왜소감이 있지만 그러나 세상은 점이 모여 원을 이루고, 나 또한 지구 속의 한 개체임을 실감하지요. 예전에 나는 몰랐었지요. 그러나 이제는 압니다. 너나없이 인생들이 떠 있는 곳이 망망대해라는 것을.

흐르고 또 흐르다 보면 그때 우리는 근원에서 다시 만나게 되겠지요.

파타야 여인

수완나폼 국제공항의 시계는 자정을 가리키고 있었다. 여행가방을 찾기 위해 지정 출구에 섰는데 아무리 기다려도 짐이 나오지 않는다. 시커먼 고무벨트는 저 혼자 계속 돌고 사라져간 인적도 이미 드문드문하다. 심야의 낯선 공간에서 그때 문득 버려진 듯한 원초적인 고독감에 휩싸였다. 동행한 남편도 불안의 빛이 역력하다.

타이 항공에 신고했더니 리시버를 든 직원이 따라오란다. 보라색 제복 여승무원의 뒤뚱뒤뚱한 꽁무니를 한참 따라갔더니 글쎄, 공항 한구석 후미진 곳에 실종된 내 가방이 얌전히 서 있다. 출국 당시 여행사 직원이 출구번호를 잘못 말해준 거였다. 모든 존재는 부재를 통해 증명된다. 그때 주인을 찾아온 가방이 얼마나 고마웠던지. 한밤의 소동과 함께 방콕 파타야 여행이 시작되었다.

호텔에서 조식을 하는 사람들은 거의 아시아인이다. 해외여행이 웬만큼 일반화됐건만 아직도 안하무인 일행들끼리 떠들어대는 후진성은 개선되지 않고 있다. 조신하게 사리를 걸친 인도인들은 별 말이 없지만, 현지인들의 수다와 소음에 섞여 단연 말소리가 시끄러운 건 중국인이다. 한편에서는 멀쩡하게 차려입은 한국인 아저씨가 식탁에 세팅된 일회용 설탕 프림을 한움큼 집어 주머니에 집어넣는다. 눈이 마주치자 씨익 비굴한 웃음을 지으며 얼굴을 돌린다. 어디에 쓰려는 것인지…….

상하의 나라지만 약간 구름으로 가려져 걷기에는 쾌적한 날씨다. 에메랄드 사원으로 가는 길, 불교의 나라 태국은 아마도 황금색을 좋아하는 듯하다. 부와 명예에 대한 지향일까. 왕궁은 높이 치솟은 궁전과 누각, 사원들이 모두 금박 일색이다. 뾰족지붕이 특이한 장대한 규모의 왕궁은 이백여 년 전 방콕이 수도가 되던 해를 기념해 지어졌다고 한다.

방콕 중심부 차오프라야 강 서쪽에 위치했던 톤부리 왕조가 끊어지게 되자 짝끄리 왕조를 세운 라마1세는 민심을 수습하고 아유타야 시대의 영광과 번영을 재건하고자 강 건너 현 위치로 천도를 결심하게 된다. 왕궁이 준공되자 이곳에서 라마1세의 성대한 대관식이 거행되었다. 라마5세의 손자인 현재의 국왕은 라마9세다.

도로변 곳곳에는 기업의 광고판이 아닌 푸미폰 국왕과 시리킷 왕비의 대형사진이 자주 눈에 띈다. 몹시도 낯선 이 문화의 이면에는 자국민의 국왕에 대한 놀라운 존경과 충성심이 깃들어 있다. 국왕이 즉위한 해가 1946년이니 무려 육십여 년을 집권해 오면서도 국민으로부터 이렇듯 거의 신격화된 숭배를 받을 수가 있음은 놀라운 일이 아닐 수 없다. 그것은 태국의 근대화를 성공적으로 이끈 구심점이기도 하지만 지금도 농사철이 되면 농민들과 직접 모를 심기도 하는 국왕의 국민에 대한 지극한 사랑에서 연유한 것이라고 한다.

어디서든 인생들이 떠있는 곳은 망망대해 바다다. 차오프라야 강 흙탕물 위에 부초처럼 떠있는 수상가옥은 어설프고 열악하기 그지없다. 금방 허물어질 듯한 나무 사다리 위에서도 삶은 이어지고 나날이 새로운 태양은 떠오른다. 관광객들이 탄 길고 좁다란 쪽배 가까이로 언제 다가왔는지 바나나와 열대과일이 든 목선을 탄 여인이 다가와 순박하게 웃는다.

세계인의 행복지수 1위가 부유하지도 풍요롭지도 못한 방글라데시고 자살률이 제일 많은 나라가 사회복지가 잘 보장된 스위스라고 하는 것은 아이러니가 아닐 수 없다. 파타야 산호섬에 노을이 지고 있었다. 윗옷을 벗은 소년이 찐 옥수수통을 메고 비치파라솔로 다가오며 천진하게 웃는다. "강원도 찰옥수수, 맛있당께롱." 하면서. 한국 사람이 많이 오긴 하나 보다.

거제에 외도가 있다면 방콕에는 농눅빌리지가 있다. 공통점이 있다면 이들 거대한 화초와 수목정원이 모두 한 개인의 노력으로 이루어졌다는 점이다. 이제 팔순을 넘은 농눅할머니는 평생을 파타야 광활한 개인 토지에다 세계의 진귀한 꽃과 수종들을 옮겨다 심었다. 수십 년 세월과 함께 뿌리내린 야자수 터널은 하늘을 덮어 습기 찬 남국의 하늘과 바람마저 가려주고 있다.

자로 잰 듯 정교하게 조성된 오색 꽃 정원은 흡사 유럽의 미라벨 정원과 닮아 있었는데 '세계의 절경 열 군데' 중에는 이 농눅빌리지도 들어있었다.

여행은 세상으로 향하는 창이다. 그 창을 열어보면 더러는 검증되지 않은 타이틀로 여행객의 호기심을 자극하는 것이 있다. '알카자쇼' 가 세계유명3대쇼라고 부추겼지만 설마 하는 마음이었다. 그러나 성의 한계를 넘어선 트렌스젠더는 더 이상 비밀스런 문화가 아니라 너무도 떳떳하고 당당하게 드러낸 그들만의 개방된 세계였다. 성 정체성에 대한 고민이나 편견은 그들의 것이 아니었다.

여자보다 아름다운 남자들이 세계 각 나라의 전통문화를 소재로 펼치는 게이 쇼였는데 그중엔 한국의 아리랑과 부채춤도 공연되고 있었다. 무대장치나 출연진의 기량이 화려하고 방대한 규모였다. 검증 안 된 수식어를 스스로 인정하지 않을 수 없을 만큼.

태국 여행은 개방이다. 국민의 10%정도라고 할 만큼 게이가 많은 나라라고 했으나 성 정체성을 두려워 않고, 코끼리 또한 인간의 지능으로 코로 그림을 그리며 사람을 향해 열려있었다. 닫힌 건 우리 마음이고 인식일 뿐이었다.

이국의 전통과 풍물 속에서 나는 일시 세상을 잊었고 세상은 나를 잊고 있었다. 이제 또 돌아가면 일상의 낯익은 먼지 속에서도 수상가옥 파타야 여인들의 욕심 없는 미소를 생각하리라.

구상무상具常無常

아들들이 들어서고 있었다. 침묵이 흐르는 수도원 성전, 하느님의 아들들인 검은 수도복의 수사들이 한 사람 한 사람 성전으로 모여들기 시작했다. 긴 성의 자락 안으로 절제된 신앙을 간직한 채 소리 없는 발자국이 무리를 이루었다. 허리 굽은 은발의 구십대나, 이제 갓 입회한 이십대나 그들은 모두 어머니의 자랑스러운 아들이자 한 점 애련한 멍울이었다. 누가 등 떠밀지도 않았는데 일생 독신생활을 감내하게 한 저 보이지 않는 힘은 어디서 오는 것일까.

'기도하며 일하라.' 는 회헌대로 각자의 일터에서 함께 모여 하느님께 경배를 드리는 시각, 제1주간 성무일도 낮기도가 시작되었다. “보라, 얼마나 좋고 즐거운가. 형제들이 함께 사는 것이! 머리 위의 좋은 기름 같아라. 아론의 수염 위로 흘러내리는, 그의 옷깃 위에 흘러내리는 기름 같아라.”(시편 133편) 여럿이 기도하되 한 사람이 읊는 듯한 운율이 경건한 기운으로 젖어든다. 십여 분의 공동기도 후 그들은 또 목공소나 인쇄소, 농장에서 앞치마를 두르리라. 수도승의 하루 일과, 남자들이 공동으로 모여 신을 경배하며 산다는 것은 어떤 거룩함의 다른 이름이다.

한국 진출 백 주년을 맞은 성베네딕도회 왜관수도원. 철길 따라 읍내를 지나면 언덕에 자리 잡은 수도원 건물이 눈에 들어온다. 그리스도교 내에서 가장 오래된 전통을 자랑하는 수도회, 성 베네딕도의 ‘규칙서’는 많은 수도회 규칙서들의 모범이 되었다. 공동체를 중심으로 하되 홀로가 아니라 형제들이 다 함께 살아가는 수행자의 길, 회랑으로 이어진 긴 복도를 돌아나오며 시편 한 구절이 떠올랐다. “그분이 얼마나 좋으신지 너희는 보고 맛 들여라!”

가을날의 문학기행을 위한 구상具常문학관은 인접한 곳에 있었다. 가톨릭 시인으로서 구도자적인 모범을 보여주신 분. 권위와 명예를 뒤로한 채 평생 마음 가난한 삶을 살며 예술가의 내면 풍경을 보여준 결곡한 시혼을 만나본다.

시인은 돈독한 가톨릭신앙을 바탕으로 인간존재 문제를 탐구하며 영적인 작품세계를 일구었으나 젊은 시절엔 적잖은 굴곡을 넘나들기도 했다. 아버지가 쉰, 어머니가 마흔넷에 낳은 만득이 구상(세례자 요한, 본명 상준)은 열다섯 살에 신학교에 입학했으나 3년 만에 나오고 만다. 그 뒤 노동판에 뛰어들고 일본으로 밀항하는 등 사상과 신앙, 현실 사이에서 방황의 시절을 보내기도 했다. 그러나 거친 세상을 지나온 덕에 그의 시 세계는 따뜻한 인간미와 휴머니즘이 넘쳐났다.

그에게 있어 문학은 곧 인품이었다. 관수재觀水齋라 이름 붙였던 여의도 시범아파트에 이십 년 넘게 살면서 평생 가난한 시인의 자리를 바꾸지 않았다. 이웃들이 모두 현관문을 철제로 교체했는데도 그는 본래 있던 나무문을 고집하는 청빈을 지켰다. 그의 집에는 책과 문학만이 넘쳐났다.

생전에 자신의 문학관이 왜관에 섰을 때 "제 문학작품이라는 것이 일반 독자들에게 애송된다기보다는 시쳇말로 뭐 별로요." 하며 계면쩍어 했던 그의 나직한 음성과 천진스런 미소가 새삼 그리워진다. 프랑스의 드골은 앙드레 말로를 만났을 때 '마침내 인간을 만났다.' 고 했다. 구상 시인이야말로 굴곡 많은 현대사를 풍미한 '인간' 이었다. 80평생을 자신의 시 '모과 옹두리' 처럼 울퉁불퉁한 인생굽이를 거쳐 왔지만 주위 사람 사랑하며 사람 냄새나게 살다 가셨기 때문이다.

생전에 화가 이중섭과 작가 오상순, 걸레스님 중광 등 기인奇人들과의 일화도 유명하지만 혁명가 박정희와도 친구처럼 지낼 만큼 교유 폭이 컸었다. 특히 생전의 이중섭을 위해 물심양면으로 돕고는 요절 후에도 그 천재성을 세상에 알린 이가 구상시인이었다. 화가 친구들을 모아 이중섭미술상을 만들고는 제주도에 이중섭거리를 조성하기도 한 일면에서 그의 우정 어린 집념을 엿볼 수가 있다. 와병 중에도 이중섭상 시상식에 나와 "듕섭이는…." 하며 새로운 기억들을 들려주던 그도 이제 중섭의 곁으로 떠나갔다.

시인이 병상에 있을 때였다. 중섭이 큰 복숭아 속에 한 동자童子가 청개구리와 노는 모습을 그려가지고 왔다. '이것을 어쩌라는 것이냐.' 는 물음에 중섭은 "그거 왜 있잖아. 무슨 병이든지 먹으면 낫는다는 천도복숭아 있잖아! 그걸 상常이 먹고 얼른 나으라는 이 말씀이지." 하고는 계면쩍은 듯 웃었다 했다.

그 중섭이 어느 날 시인에게 가족화를 그려준 적이 있었다. 시인은 아끼며 간직해 온 이 그림을 70년대 말 팔아버렸다. 그림 값은 당시로선 엄청나던 1억 원. 그는 그 자리에서 그 돈을 몽땅 성베네딕도수도원 사제양성기금으로 내놨다.

돈과 권력을 뒤로했던 시인의 모습은 박정희 대통령과의 오랜 친분을 지키면서도 한 번도 '자리' 에 가지 않은 데서도 드러난다. 언론에 재직할 당시 두 살 위인 청년 장교 박정희와 처음 만나 사석에서는 '박첨지' 라고 부를 정도로 허물없이 지냈다. 대통령이 된 박정희가 그에게 장관과 대학총장 직을 여러 번 제안했으나 "나를 남산골 샌님으로 그냥 두세요." 라며 끝까지 거절한 이야기는 유명한 일화로 남았다.

구원의 시심詩心은 오로지 가난한 영혼에 다 바쳤다. 평소 장애인이나 교도소 수감자 같은 소외된 사람에 대한 관심이 컸던 그는 구십년대에 무기수 최 모 씨를 양아들로 삼아 석방운동을 벌이기도 했다. 투병 중이던 말년에는 장애인 문학지 『솟대문학』에 2억 원을 쾌척한 일 등은 그의 영혼을 지배하고 있던 뿌리 깊은 가톨리시즘을 엿볼 수 있는 일면이다.

문학관의 외형은 시인의 성품인 양 단아하고 고아하다. '그리스도 폴의 강'을 포함한 강 연작시를 백여 편 발표할 정도로 낙동강은 구상 시의 원천이었다. 강을 바라보며 끊임없이 마음을 씻고 가다듬으며 관수세심觀水洗心의 삶을 실천했던 관수재 앞에서 오늘날 신자 문인으로서의 자세를 가다듬어 본다.

시인의 흔적과 발자취를 영상으로 관람한 후 대표 시 십여 편을 모은 낭송회가 시작됐다. 시인 자신의 사상을 가장 잘 담은 시라고 표현했던 「오늘」을 음미할 때는 모두의 마음속에 숙연함이 새겨진다.

> 오늘도 신비의 샘인 하루를 맞는다.
> 이 하루는 저 강물의 한 방울이
> 어느 산골짝 옹달샘에 이어져 있고
> 아득한 푸른 바다와 이어져 있듯
> 과거와 미래와 현재가 하나다.

오늘 속의 영원, 영원 속의 오늘을 추구한 사람. 한국 가톨릭문학에서 '가톨릭시인' 이란 헌사를 붙일 수 있는 커다란 별이자 진정한 스승이었던 구상 시인. 그가 남긴 유언은 "이 세상에는 시가 있어야 한다."였다.

밤꽃 향기 흩날릴 때

역에서는 조금 기다려도 괜찮다. 머무름과 기다림의 이름이 역이기 때문이다. 여로에 선 대합실에는 갖가지 소음과 북적이는 설렘이 함께한다. 기계처럼 돌아가는 일상을 잠시 접어두고 선로에 오르면 바람이 자꾸만 들판과 산야를 밀어내며 세월을 거스른다. 배꼽을 드러내고 논두렁에 선 아이들 표정에선 유년의 추억이 떠오르고, 보리밭 가운데서 먼 데를 바라보는 촌로의 잠방이에는 돌아가고픈 미래의 실상이 묻어있다.

부부가 함께 기차여행에 오르기란 좀체 어려운 일이었다. 삶의 교차점에서 잠시 얻어진 방학과 개학 사이, 기회에 다녀가라는 언니의 곡진한 초대를 받았다. 동기간이란 무엇인가. 몸속에 피를 나눈 또 다른 나. 언니는 내게 친정이요 쉼터요 삶의 고비마다 속내를 드러낼 수 있는 진정한 멘토였다. 그래서 오늘은 세한의 바람막이, 언니 집으로 향한다. 나중나중에 우리 생을 마감하고 돌아설 때 '그대로 인해 내 인생이 풍요로웠노라.' 고 말할 수 있는 상대가 있음이 행복이라고 믿으면서.

남양주 언니 집의 밤, 뒤뜰에선 개구리 소리가 귀청을 울린다. 전생의 어느 지점에 선 듯 마음이 평온해진다. 도시에선 맛볼 수 없었던 고향의 소리다.

밤꽃 향내가 흩날리는 계절, 초여름이지만 햇살의 따가움도 장맛비도 가려진 여행하기에 좋은 날씨다. 초록의 숲에 감싸인 유월 산야는 눈길 닿는 데가 모두 녹색정원이다. 경기도 가평 축령산 골짜기, 「아침고요 수목원」에는 시간이 정지된 듯 깊은 산세에 둘러싸인 수풀과 나무와 자연만이 함께 숨을 쉬고 있다. 아름드리 소나무의 하늘정원에 서면 도회에서 묻혀온 허망한 욕심마저 비늘처럼 떨어져 나가는 듯, 빈 마음 되어 한 점 고요 속에 눈을 감는다. 너무 방대한 자연 앞에서 한없이 왜소해지는 존재감과 마주하는 순간이라고 할까. 야생화, 아로마, 허브 등 테마별로 가꾸어진 수목원 정경은 자연과 인간의 집념이 만들어낸 아름다운 예술의 세계다.

숲 속 벤치에 앉아 나무목에 걸린 몇 편의 친근한 시들을 만난다. 시심을 일깨우는 한 잔의 커피, 주홍빛 한련화가 아늘아늘 흐드러진 찻집에서 마시는 차는 차를 마심이 아니요, 천국의 정원에서 꽃들의 향기를 마심이다.

풍경은 정지된 화면처럼 고요하다. 이처럼 아름다운 꽃 잔치를 본 적이 없다. 나도 모르게 수첩을 꺼내곤 몇 자 메모를 적는다.

> 삶에 치친 그대여, 유월 어느 날 천국행 티켓을 손에 들라.
> '욕망이라는 이름의 전차' 를 타고 낙원 역에 내려 보라.
> 거기가 바로 '아침고요 수목원'.

부산에서 서해안 강화도는 아주 먼 거리다. 어릴 적 라디오 연속극 「강화도령」을 들으며 철종 임금의 유년이 배인 그 섬을 그리곤 했다. 열아홉 살 원범이 나무하고 농사지으며 강화 처녀 양순이와 사랑을 키우던 땅은 어디쯤일까. 그러나 오늘의 강화도는 자동차로 그저 스쳐 지나는 지명일 뿐 더 이상 격리된 섬이 아니다. 거제처럼 육지에 연해 있으니 너른 들판이 오밀조밀 정겨운 소읍일 따름이다.

차창 너머로 흘러드는 비릿한 밤꽃 내음에 취하다 보니 문득 흙냄새 나는 농토에 아담한 황토방 하나 지어 살고픈 생각이 든다. 만년의 꿈을 그리며 여행 내내 언니네와 전원주택에 이웃해 살기를 다짐하곤 한다. 그 꿈을 이루기에 강화는 너무 먼 땅인지도 모르지만.

외포리선착장에서 석모도 가는 길, 강화나루에 노을이 지고 있었다. 달리는 뱃길 따라 갈매기들이 새까맣게 배 꽁무니에 따라붙는다.

끼륵끼륵 울어대며 머리 위로 선회하는 새들도 사람의 정이 그리웠음일까. 그것이 비록 사람들이 던져주는 과자 때문이라고 해도 나는 굳이 정이 그리워서라고 믿고 싶었다. 사방을 붉은빛으로 휘감아오는 석모도의 낙조와 갈매기 떼의 군무, 그 정경은 오래도록 머릿속에서 잊지 못할 그림이 되어주었다.

언제 와 본 곳이었을까. 석모도는 전혀 낯설지가 않다. 환상 속에서 오래 키웠기 때문인지 예전에 와 본 듯한 기시감既視感에 친근감마저 느낀다. 염전이 있던 소금밭을 지나 민머루 해변의 솔밭길도 거닐어본다. 개펄 저 너머 바다는 만상을 비출 뿐 아니라 시간마저도 빨아들이는 듯 고요하다.

모든 것이 너무 빨리 사라지고 번쩍거리며 명멸해가는 문명 속에서 시간의 퇴적이 그대로 느껴지는 이곳 풍경은 고요한 흑백사진처럼 정겹기만 하다. 삶이 무겁다고 느껴질 때는 스스로 자신을 섬에다 유배시켜 볼 일이다.

달은 해안에 떠서 기울고 골짜기의 순한 물소리처럼 파도소리 또한 잠들어 요요하다. 푸른 적막의 밤이 너무 아름다워 잠들지 못하고 뜰에 나와 하늘을 쳐다본다. 오래도록 바람소리와 별의 노래에 무심했던 시간들이 그 속에 있다. 지상에 머무르는 시간의 아름다움, 삶의 유한성.

이순을 훌쩍 건너온 언니가 여행을 힘에 부쳐할 때마다 영원하지 않은 지상의 무대를 생각한다. 인생은 걸어가는 그림자. 자신의 무대

위에서 안달하지만 그것이 지나면 잊히고 마는 가련한 연극배우가 아니던가. 세상에서 가장 소중한 선물인 '지금 이 순간' 을 언니 부부와 함께했음은 그래서 더 큰 행복이었다.

문학기행의 어떤 날

단아한 모습을 바라본다. 무더위 속에서 음악을 들으며 냉커피를 한 잔 마신다. 바람이 솔솔 스미는 뒤 베란다 창가에 대자리를 펴고는 오래도록 그 표정을 응시한다. 작가 박경리의 텃밭에서의 생전 모습이다. 담담하고 평화로운 눈빛, '버리고 갈 것만 남아 참 홀가분하다.' 던 만년의 내면을 읽는다. 흙과 생명을 귀하게 여겼던 사람, 이 땅에서 작가로서 살아간 삶이 그는 행복했을까.

원주 토지문화관을 찾은 적이 있다. "빈 창고같이 휑뎅그레한 큰 집에 밤이 오면 소쩍새와 쑥국새가 울었고 연못의 맹꽁이는 목이 터져라 소리 지르던 이른 봄, 그 집에서 나는 혼자 살았다." 마지막 남기고 간 시에서도 혼자 산 적막감을 노래한 그는 일생을 '혼자' 라는 고독과 싸워야 했고, 그 빈 가슴의 몰입이 대하소설을 낳게 한 근원이 아니었을까.

스무 살에 결혼해 딸 하나를 얻고는 사 년 후 남편과 사별했으니 여든둘에 영면하기까지 근 육십 년을 혼자 산 셈이다. "달빛이 스며드는 차가운 밤에는 이 세상의 끝의 끝으로 온 것같이 무섭기도 했지만 책상 하나 원고지, 펜 하나가 나를 지탱해주었고 사마천을 생각하며 살았다."

이 대목에서는 가슴이 서늘해왔다. 거세당한 남자 사마천이 옥중에서도 불굴의 정신으로 사기史記를 남겼듯이 그 또한 세상이 막막해질 때마다 더욱 치열하게 쓰는 일에 매달렸을 것이다.

"대문 밖에서는 늘 짐승들이 으르릉거렸다. 늑대도 있었고 여우도 있었고 까치 독사 하이에나도 있었지." 그의 서거 후 신문에서 처음 이 시를 봤을 때 '옛날의 그 집' 이 하도 골 깊은 산골이라 실제로 그런 짐승들이 있었을 걸로만 생각했다. 아니었다. 읽고 또 읽다 보니 그것은 혼자 산 그를 흠모해서 넘보던 남정네들이란 생각이 들었다.

고왔던 내 어머니께서도 일본 땅에서 남편과 사별 후 스물여섯에 혼자가 되셨다. 딸 셋을 데리고 해방된 조국에 건너왔으나, 살아갈 일보다 무서웠던 것은 피할 수 없는 유혹의 손길이었다. 빼어난 작가도 아닌 어머니께선 일찌감치 재혼을 하셨지만 문 앞에서 넘실대던 짐승들과 대적해야 했던 선생께선 그 시련 또한 얼마나 힘들었을까.

만년에는 자연과 소통하며 텃밭을 일구고 흙냄새 속에서 살아갔다. 단구동의 산비탈을 메웠던 그 많은 장독과 손수 가꾼 채전들, 그는 아마도 몸을 내돌리지 않으면 정신을 시퍼렇게 벼를 수 없다고 생각했을 터이다. 자신의 시구처럼 "아무도 무엇으로도 고삐를 풀어주지 않았던 글 기둥 하나 붙잡고" 살면서 일생 수많은 작품을 통해 언어의 강토를 지켜나갔다. 오랜 글밭을 헤쳐 이제야 귀향의 닻을 내린 그는 넘실대는 통영 앞바다가 보이는 산양면 언덕에 고요히 잠들었다.

넉넉하게 자리한 초록이불 사이로 유월 바람이 스쳐지 나갔다. 봉분 위에 앉은 한 마리 새가 여기저기 서성이며 오래도록 머무르고 있음은 이제야 돌아온 그를 반기는 통영사람들의 유정한 마음이던가. 문학기행에 나선 후배 문인들은 함께 손을 맞잡아 잠시 묵념을 올렸다.

통영의 주산主山인 미륵산 아래 자리한 박경리기념관은 단아한 외양과 함께 그의 삶과 문학이 고스란히 담겨져 있다. 생전에 쓰던 돋보기와 집기들에게선 손수 옷을 지어 입던 늦은 밤의 재봉틀 소리가 났다. 「김약국의 딸들」에 나오는 간창골, 서문고개, 북문 안, 갯문가의 지명들이 드디어 고향마을에 안착한 작가의 숨소리와 함께 다시 살아난다. 땅은 인물을 낳고 그 인물은 태생지의 작은 골목길도 영원의 이름에 새긴다.

통영의 기행은 동피랑 서피랑의 골목그림을 돌아볼 겨를도 없이 서해바다 너머 변산반도를 달리고 있었다. 어둠이 내린 변산의 석양빛, 여행은 떠나온 자리에서 멀찍이 서서 또 다른 자신을 돌아보는 일이다.

이튿날, 채석강의 새벽은 안개에 묻혀있었다. 미로처럼 부연 시계視界 속에서 전광판의 글자만이 여섯 시를 가리킨다. 격포항의 아침이 풍경을 지워버린 우윳빛 단장으로 객창의 하루를 열어준다. 책장처럼 켜켜이 쌓인 세월을 이고 선 채석강 단애는 억만 년 시간을 침묵으로 대변하고 있었다.

담양 숲길에 선 나는 한 그루 메타쉐쿼이아 나무가 된다. 내 몸통은 이미 세월만큼 굵어져 있고 사방으로 뻗은 가지는 하늘 향해 춤을 춘다. 마치 구도자의 손짓처럼 아주 천천히…. 바람에 흩날리며 발아래 걷고 있는 무리들을 마음으로 품는다. 시간의 길 위에서 힘들고 지칠 때마다 어서 와 내 그늘에서 쉬어가렴. 내 품은 넉넉하고 내 온정은 변하지 않는다고 나무들은 끊임없이 말을 해준다.

신석정 시인의 고택에 들른 것은 답사기행의 마지막 시간이었다. 그는 이 땅 최초의 모더니스트라 불릴 만큼 서구의 낭만시와 한국적인 면을 가미한 문단의 거인이었다. 초가 고택의 사진 액자 속에서 만난 시인은 방금이라도 말을 걸어올 듯하다. 깊은 눈매의 수려한 외모에 조끼 차림으로 약간 아래를 내려다보며 파이프를 물고 있는 모습에서 그 이름에 걸맞은 모던한 풍모와 지성의 향기가 전해져 온다.

고택 바로 옆에는 석조건물의 신석정문학관을 완공 중에 있었다.

문학의 아취는 무엇일까. 문학관이나 기념관이 아닐지라도 모두가 옛사람이 되고 난 먼먼 후일에 사람들 가슴에 남는 한 편의 글만 남길 수 있다면…. 우리는 소박한 꿈을 안고 돌아섰다. 쓴다는 일의 쓸쓸함과, 사라짐에 대한 허망한 바람 한 줄기도 스쳐지나갔다. 여름날 기행의 어떤 날이었다.

일상

나를 있게 한 내 기억 속의 은행나무는 아버지였다. 그 나무에 매달려 더러는 가지가 되고 잎새가 되기도 했으나 뿌리인 아버지에게서 찬란한 햇살을 받아본 기억은 별로 없었다. 너무 어릴 때 멀리로 가버렸기 때문이다. 금테안경에 어깨 멜빵을 하시곤 양복 안주머니에서 여유 있게 용돈을 주시곤 하던 아버지도 지금은 한줌 부엽토로 잠들었을까. —「잡목의 우수」 중에서

잡목의 우수

해질 무렵이었다. 막 넘어가는 주홍의 햇빛 사이로 노란 은행나무 한 그루가 눈에 들어왔다. 달리는 차 속에서였다. 순간 마음을 아리게 한 것은 타 들어가는 은행잎의 정염도, 일몰의 오렌지 빛 광휘도 아니었다. 가을 석양에 몸을 맡긴 채 무정한 바람에 파르르 떨고 있는 잎새의 운명, 그것이 내게 못 견디게 서글픈 정조情調를 불러왔다. 이파리의 모습에서 나를 본 순간이었다.

겨울을 재촉하는 바람은 사정없이 은행잎을 흔들어대는데, 못내 떨어지기 아쉬운 잎새들은 일제히 떨림으로 바람 앞에 항거한다. 바람은 무심한 세월이요 낙엽의 운명은 떠나기를 아쉬워하는 처절한 인간의 몸짓이다. 몸 붙여있던 나무로부터 떨어져나가 흩날리다 부엽토로 돌아가야 할 시점, 비록 '가야 할 때가 언제인가를' 알고 있다고 해도 여린 미련의 마음까지야 없을 수 없을 것이다.

어느 잎도 나무를 떠나지 않을 수는 없고, 어떤 생도 시간을 비껴날 수는 없다. 그러나 단순하게 바람 앞에 흔들리는 낙엽의 몸부림이 이전에 볼 때는 식물의 귀거래사요, 자연의 전형일 뿐이었다. 일몰의 시간에 선 지금, 마음의 색깔은 연륜과 비례하는 것임을 해질 녘의 은행나무 한 그루가 말해주고 있었다.

내 기억 속의 은행나무는 아버지였다. 그 나무에 매달려 더러는 가지가 되고 잎새가 되기도 했으나 뿌리인 아버지에게서 찬란한 햇살을 받아본 기억은 별로 없었다. 너무 어릴 때 멀리로 가버렸기 때문이다. 금테안경에 멜빵을 하시곤 양복 안주머니에서 여유 있게 용돈을 주시곤 하던 아버지도 지금은 한줌 부엽토로 잠들었을까. 고목이 시들듯이 모든 인간은 흙으로 돌아간다.

집 뒤편 베란다 옹벽에는 노란 유채꽃이 흐드러지게 피어나곤 했다. 창을 열면 그 만발한 꽃들이 지친 시름들을 씻어주기도 했는데 어느 해부터인가는 쓸쓸한 싸리꽃들이 피어나기 시작했다. 산바람에 날려 온 싸리꽃 씨앗들이 듬성듬성 자리를 잡는가 했더니 어느새 군락을 이루었다. 짙은 보라색의 꽃무리들이 바람에 흔들릴 때마다 마음속에 잡목의 우수가 전해져 왔다. 햇살이 지나간 저녁나절이면 일렁이는 잡목들의 행렬은 말 못하는 시가 되어 어두운 그림을 그렸다. 미풍에도 힘없이 흔들리는 저 싸리꽃들은 한 번도 산중에서 높이 자라는 교목喬木의 위치에 서 본 적이 없었다.

우뚝 선 낙락장송이었던 적이 없는 나 또한 잡목이었다. 세상의 미세한 파도에도 흔들리고 아파했으며, 태풍이나 폭우가 몰아칠 때는 아득한 봄날의 유채꽃 같은 안온함을 그리워했으니 어쩔 수 없는 떨기나무요 관목灌木으로 살아왔을 터였다.

그러나 험한 산에는 위용을 자랑하는 태산목만이 자리한 것은 아니다. 산사태가 났을 때 골짜기를 메우고 지키는 것은 끈질기고 든든한 잡초요 잡목이 아니었던가.

미끈하게 잘생긴 적송처럼 모두가 건축자재로 잘려 나간다면 우리네 강산은 누가 지킬 것인가. 모두가 잘난 사람만 있다면 그들의 잘남을 인정해 줄 민초 역할은 누가 할 것인가. 세상은 저마다의 역할 구조가 있다. 그래서 아마도 '굽은 나무가 선산 지킨다.'는 말마저 생겨난 것인지도 모른다.

가끔은 세상무대에서 제 몫을 다하고 튼실했던 원목 중추로 살아간 사람들을 볼 수가 있다. 짧지만 확고한 신념으로 살다 간 이태석 신부 같은 사람이다. 그는 홀어머니의 10남매로 자라났으나 누구도 흉내낼 수 없는 아프리카의 성자로서 그 삶을 바쳤다. 영혼을 돌보는 사제요, 육신을 고치는 의사였던 그는 사제서품을 받자마자 수단의 오지 톤즈 마을 파견을 자청했다. 섭씨 40도가 넘는 무더위와 싸우며 하루 이삼백 명의 주민을 진료하고, 학교를 세워 이천여 명의 학생을 직접 가르쳐오던 그는 정작 자신의 건강을 돌보지 못했다.

뒤늦게 발견한 암을 끝내 이기지 못했던 그의 박애정신은 결국 수단 청년들에게 한국 대학에서 공부할 수 있는 '기적'을 선물하기도 했다. "하루 한 끼도 먹지 못해 뼈만 앙상하게 남은 사람들을 보는 순간 내 몸이 전기에 감전된 듯했다."라고 말하던 그는 인간이 인간에게 희망을 심을 수 있다는 걸 보여준 증표가 되었다.

누구나 위대한 꿈을 꿀 수는 있지만 그 꿈의 실현을 위해 일회적인 삶의 전부를 바칠 수 있음은 쉬운 일이 아니다. 한 그루 우람했던 나무를 바라보며 삶의 근거를 다짐해본다. 비록 교목은 되지 못할지언정 세상의 기저가 되는 올곧은 관목이 된다면 그 또한 의미 없는 일은 아닐 것이다.

집 뒤편 산중턱에서 흔들리는 싸리꽃이 잡목의 우수를 전해주듯, 마음속 아버지의 기억 또한 어두운 그림자를 드리운다. 속 깊은 아버지의 정, 그것은 언제나 아련한 꿈으로만 남아있기 때문이다. 우람한 큰 나무는 아니었으나 자식들이 올곧게 자라기를 항상 훈도하시던 그 정이 성장기의 버팀목이 되었더라면 나는 지금쯤 수려한 적송이 되어있을까.

어둠이 무늬져 내리는 저녁, 오늘도 싸리꽃은 여전히 바람에 몸을 맡기고 있고 습관적으로 나는 창밖을 바라보고 섰다. 계절이 지고나면 꽃 또한 사라지고 말겠지.

때는 가을의 끝 무렵, 시간은 밤에 이르는 지점에서 잡목들의 우수를 마주하고는 존재의 근원을 생각해본다.

분갈이

날이 새기를 기다렸다. 어제 하다 만 화분들의 분갈이를 위해 푸슬한 흙의 부드러움을 매만진다. 오늘 같은 비 오는 날이 좋으리라. 너무 화창한 날은 햇살이 따갑기 때문이다. 내일이면 사월, 흙 속에서 움트고 있을 새움의 활기를 위해 묵은 화분을 뒤엎고는 새살을 고르듯 옥비를 섞어준다.

겨우내 움츠렸던 토분의 뿌리에서 연둣빛 새싹이 돋아났다. 새 생명을 보는 마음은 언제나 경이롭다. 햇순, 햇보리, 햇나물, 봄날의 햇발을 받은 새움은 대지의 맏자식인 양 미덥고도 든든하다. 베란다 한편에서 먼지를 뒤집어쓴 채 목마름을 탓하지 않고 겨울을 지낸 수선

화, 자란, 산호수가 한결 두터워진 햇살을 받아 탐스런 속살을 드러낸다.

한 철의 꽃피움을 위해 화초들은 얼마나 이 봄을 참고 기다렸을까. 묵언 속에 엎드린 기다림의 시간에 비하면 활짝 만개하는 꽃의 시절은 짧기만 하다. 그것도 우수인 양 지기 시작하는 낙화를 예감하면서도…. 흙을 매만지는 마음은 한 송이 꽃과의 인격적 만남의 시작이다.

꽃은 침묵을 통해 많은 것을 들려준다. 삶이 신산하다 여겨질 때 사막 같은 메마름에 생기를 뿌려준 것이 꽃과의 대화였다. 그렇게 화초들은 내 곁으로 왔고 마음밭에 잔뿌리를 내려갔다. 이른 아침 창을 열고 나서면 싱그럽게 맞아주는 수초들과의 속삭임이 시작되었다. 그의 표정은 상냥하고 나는 아무에게도 못하는 하소연을 한다. 꽃에다 염파念波를 보내는 일은 삶에다 탄력을 불어넣는 일이 되었다. 며칠간 매달린 분갈이의 노역은 꽃들이 주는 위무에 비하면 한낱 작은 보상에 불과한 것이다.

주택에서 살 때 아들 방 창문 앞을 환히 비춰주던 그 귀티를 내치지 못해 커다란 화분에다 모셔온 모란은 옮겨 심을 엄두를 내지 못한다. 꽃삽으로 거름을 듬뿍 뿌려줄 뿐, 수령이 오래된 벤자민나무 역시 마찬가지다. 살가운 제비란이나 아이리스, 제라늄 등은 실뿌리를 적당히 털고는 제 위치를 잡아 손으로 눌러준다. 새로운 피를 수혈한 도자기분은 꽃님인 양 봄 햇살을 기다린다.

겉으로는 대인처럼 주홍빛 꽃대를 기운차게 피워 올리던 군자란이, 밑뿌리는 좁은 용기에서 제대로 발을 뻗지 못해 허연 잔가지가 실타래처럼 엉겨있다. 제때를 지나친 주인의 게으름을 난초는 원망했을 터였다. 화분의 밑 둥지에서 속내를 제대로 드러내지 못한 채 태연을 가장하기도 하는 사람살이의 일면을 바라본다. 엉겨붙은 포기를 떼내고 넓은 화분에 옮겨 심자 제대로 숨고르기를 하는 화초의 숨소리를 듣는다. 이제 알맞은 일조량과 적당한 수분, 주인의 살뜰한 손길만 닿는다면 꽃나무는 새 땅에서 튼실하게 뿌리를 내릴 것이다.

정情의 옮겨심기에 친숙하지 못한 주인의 성정에 비하면 화초들의 안착은 한결 순조롭다. 새 지갑과 친해지기에도 수백 번의 손길을 거친 후라야 익숙한 나는 마음에 담은 정을 옮긴다는 일이 쉽지가 않다. 가까웠던 사람이 멀어져가는 걸 감당하는 일 또한 힘들기는 마찬가지일 터이다. 새 옷이 반드시 좋은 것만은 아닌 것은 몸에 편해지기에는 시간이 필요하기 때문이다. 사소한 정의 분갈이에 서투른 자신이, 사는 곳을 옮기는 이사야 말할 필요가 없을 것이다.

결혼 후 처음 마련한 내 집에서 이십여 년을 붙박이로 눌러 살았다. 비바람을 막아주고 사는 데 불편함이 없으면 그만이었다. 투자의 가치나 투기바람이 뭔지는 남의 일이었다. 그래도 아파트는 좋아보였던지 십여 년 전 분양 대기 줄에 서서 한나절을 기다린 적이 있었다. 일 순위, 이 순위가 뭔지도 모르고 무턱대고 기다리면 순서대로 접수해서 분양해주는 줄로만 알고 있었으니…. 맹목으로 땡볕에서

긴 시간을 허비한 후에야 세상 물리를 조금씩 배우게 됐다.

낯선 고장에 뿌리내리기란 여전히 말랑한 일은 아니다. 그러나 온전한 이양작업은 삶에서 죽음으로의 옮겨가기가 아닐까. 무덤은 그래서 정토의 옮겨심기다. 이승에서 저승으로의 분갈이, 참 많은 지인들이 먼 강을 건너서 갔다. 만물의 영장이란 사람이 한 송이 꽃보다 못한 것은 해가 바뀌어도 다시 피어나지 못한다는 사실이다. 그리움은 접어두고 설렘만 간직하라고 꽃이 우리에게 말해 주는 듯하다.

조팝나무 흰 꽃으로 내리는 아침, 화초를 매만지는 손길 사이로 하나의 봄이 걸어오고 있었다.

정 떼기

너무 서둘러 간 것은 아닐까. 폭우가 쏟아지던 날이었다. 한 통의 전화로 끝을 말하다니. 이건 아니다. 정이 들기 전부터 그는 이미 내 가슴에 자리하고 있었던 것을…. 보통과는 달랐던 자태며 성정이 붙박이로 기억에 남아오던 탓이었다.

창밖에 내리쏟는 세찬 빗소리에 그의 음성이 급류처럼 함몰되고 또 떠다닌다. 화면 저 너머로는 앞가르마에 쪽찐 머리 그녀가 덩실덩실 춤을 춘다. 웃지도 않고 노하지도 않은 표정. 그저 한 마리 물고기처럼 생을 유영하고 있는 모습이다. 짧았던 시간을 조롱하는 몸짓이다.

아무것도 손에 잡을 수 없어 허둥대는 내 모습. 그래. 이건 아직도 이승이다. 영안실부터 달려가야 하나. 심한 화근 내가 코끝을 자극한다. 찌개냄비가 새카맣게 타버렸다. 불에 올린 사실마저 잊고 말았다니. 산 자의 거실은 있는 대로 열려진다. 냄새 하나도 견디지 못하는 여기는 아직 세상 한복판이다.

거리에는 끈질긴 장맛비가 내를 이루고 콸콸 흐르고 있다. 양동이로 내리퍼붓는 장대비의 위세에 보도블록의 사각무늬도 사라져버렸다. 피부에 해초처럼 휘감기는 습도의 눅눅함. 사방은 어둡고 음울하다. 폭우 속의 문상 길. 몰아치는 광풍에 우산대마저 꺾이고 만다. 회색 대기 속 정류장에는 사람도 버스도 오래도록 보이지 않는다. 가는 날마저 그답게 택했음인가. 성난 바람소리가 지축을 흔든다. 아니, 이것은 두 아들 남기고 발길 떼지 못하는 그녀 울부짖음이다.

스타카토로 짧게 끊어 말하던 분명했던 목소리. 그 음성과 어조에는 냉정함과 결연함이 배어있었지. 독서대에 올라 성경을 봉독할 때도 마치 연극 대사를 읊는 듯이 들리곤 했다. 가식이나 위선이 아닌 신께 대한 경배감이었다. 그는 이제 중유의 세계에서 보일 듯 손짓하는 신의 목소리를 듣고 있을까. 지표면도 없이 너무 멀고 아득해서 혹여 꿈길을 걷고나 있을지.

해질 무렵 어떤 난간에 앉아 내면을 서로 나눈 적이 있었다. 피정의 시간이었을 것이다. 정신문화의 구심점이 되고 있는 수도원의 존재에 대한 것이었다. 누가 등 떠밀지도 않았는데 일생 독신을 지키며 보이지 않는 신을 섬기며 사는 사람들, 그 불가사의는 바로 하느님의 존재를 말해주고 있다고 했다. 그 뒤로 그는 한 수도원을 위해 재물을 애긍하기에 인색하지 않았었다.

사무엘의 어머니 한나처럼 그는 성전을 떠나지 않고 아들을 위해 기도했다. 누가 보든, 보지 않든, 낮이고 밤이고 아들의 입시를 위해 빈 성전에서 촛불을 밝혔다. 해를 거듭해도 변치 않는 모정의 집념이었다. 애타는 마음이 하늘에 닿았음일까. 그 아들은 결국 원하는 대학에 들어갔다. 생의 어느 한순간에도 그는 자신이 주체이지 객체가 되어본 적이 없었다. 당당한 분별력으로 그렇게 그의 길을 걸어갔다.

축제의 어느 날, 한복을 입기 위해 여인들은 우선 머리손질부터 다듬는다. 그의 한복 차림은 평범을 거부한다. 황진이처럼 달라붙는 옷소매에 동백기름으로 윤기 나는 머릿결이 한 올 흐트러짐이 없다. 놀라운 것은 뒷머리에 단정하게 얹힌 칠보 비녀였다. 웬만한 막대기만 한 비녀를 꽂았음에도 다른 사람의 시선 같은 건 안중에 두지도 않았다. 그럼에도 독특한 개성으로 돋보이던 것이 그녀였다.

한동안 그 모습이 보이지 않았었다. 각별한 정을 나눈 적은 없으니 세세한 일상을 알 수는 없었다. 전공인 영문학으로 선생 노릇에만 바쁜 줄로 짐작할 뿐이었다. 누구도 근황을 전하는 이 없었으니 무소식이 희소식이려니 했지만 그게 다는 아니었다. 이념과 실상은 거울의 앞뒷면만큼이나 허망한 것이라고 했던가. 그는 홀로 지병과 사투를 벌이고 있었던 것이다. 그 사실을 진작에나 알았던들 정을 떼기가 이렇게나 허허롭지는 않을 것을. 사는 것과 안다는 것, 그리고 헤어지기, 이것들은 모두 허망의 다른 이름들이다.

서둘러 문병을 갔을 때는 아들 혼자 병실을 지키고 있었다. 그는 달처럼 조용히 잠들어 있었다. 여승처럼 머리를 온전히 밀었으니 한 올 세상과의 연을 다 놓은 것일까. 얼굴마저 부은 채 의식이 없는 상태라 차라리 문병객을 대면하지 않았음은 다행한 일이었다. 평소 그의 자존심과 인간적인 존엄을 위해서였다.

나는 거기서 우리 삶의 실체를 보았다. 샴푸와 드라이로 치장한 머리 모양과 화장술, 희로애락을 반영하는 갖가지 표정, 술수와 변명을 위한 온갖 언어들, 그 어느 것도 내재하지 않은 순수 인간의 모습을 거기서 본 것이다. 창조주로부터 지음받은 그대로, 아무런 치장이나 가식도 없는 원래 온 그대로의 모습을.

그는 삶을 시래기로 살지 않았다. 배추 포기에서 고갱이만을 택하고 난 뒤 제일 먼저 버림받는 것이 시래기라면 그는 한껏 찬란한 고갱이로만 산 것이다. 서리 맞고 눈 맞아가며 견뎌낼 만큼 견딘 후의 마지막 수용이 아니라 샛노란 속청의 지점에서 한 송이 꽃으로 낙화한 것이다. 보내는 그대 위해 나이의 아까움을 애써 말하지 않으리.

이제 그는 비로소 자유를 입었다. 시간의 속박에서 놓여났으며 인간의 굴레도 벗어놓았다. 완벽의 추구를 위해 팽팽하게 활시위를 당길 일도 없어졌으며 둥우리 속 병아리를 애써 품어 안아야 할 의무로부터도 해방됐다.

천국에서는 영혼들이 모이면 한바탕 크게 웃는다고 했던가. 아무것도 아닌 일들을 가지고 세상에서 쇼를 했다고 말이다.

영안실에 다다를 때까지도 쏟아지는 폭우는 그칠 줄 모른다. 저만치서 희끗한 머리로 그의 장부가 다가온다. 칠월 장마가 기승을 부리던 어느 날, 천상에 흰 꽃 한 송이 피어나던 날이다.

식물이 낫다

'바람이 잔다.'

이는 내가 기억하고 있는 어떤 수필 제목인데 지금 바람이 자고 있다. 중국에서 발원한 태풍 '덴무'가 오늘 한반도를 지나친다더니 그 영향인지 밤내 바람결이 사납다가 비로소 뇌성벽력도 잠잠하고 바람소리도 조금 순해졌다.

오전 내내 베란다 화초를 매만지는데 반쯤 열어놓은 창틀 사이로 비바람이 휘몰아쳐 인공적인 물줄기가 아닌 빗물이 타일 바닥을 흥건히 적셔놓았다. 이런 일은 태풍 때가 아니면 흔치않은 일이다. 분사호스가 아니면 빗방울 한 번 맞지 못하는 화초들이 오늘 사나운 자연의 기운을 만나 수분 공급을 받은 것이다.

비어있던 안방 창 앞의 화단 공간에도 받침대를 만들어 화분을 나열하고 보니 한결 베란다정원이 풍성해진 느낌이다. 올해는 언니네서 가져온 화초들로 분의 가짓수를 더 늘리게 됐다. 기린처럼 긴 목울대를 뻗쳐 무시로 붉은 꽃을 피워대는 제라늄과, 성하의 햇살을 받아 나날이 초록의 세를 불리고 있는 온시디움이 있고 또 깻잎 같은 이파리를 수북이 늘리고 있는 수국이 그것이다.

수국은 헌칠하게 키를 올려 큰 화분에다 옮겨 심었더니 밑동에서 두 가지의 새순을 피워 올렸다. 새로 돋아난 잎사귀가 무성해지니 웬일인지 원 가지의 기운차던 이파리들이 맨 아래부터 축 늘어져 하나 둘 잎사귀를 떨군다. 식물의 양분 나누기인 셈이다.

동생이 수액을 빨아들이니 한창 잘 자라던 형아가 성장을 멈추고는 슬슬 제자리걸음으로 제 몸피를 줄여줌으로써 잔가지가 잘 뻗어오를 수 있도록 도와주고 있는 것이다. 식물의 엄연한 생성질서를 보면서 어쩌면 채워지지 않는 욕망으로 안달하는 인간보다는 저절로 양보하는 식물의 세계가 훨씬 낫다는 생각이 든다.

조선소나무만 해도 그렇다지 않은가. 서로 비켜가면서 뿌리를 뻗는 조선소나무는 땅속의 양분도 서로 나눌 뿐 아니라, 가지들도 빛과 공기를 골고루 나누기 위해 남의 가지에 내 가지를 넣지 않는 등 공간을 요리조리 서로 나눈다고 했다. 뻗은 뿌리 곁으로는 잔뿌리를 뻗치지 않으며 하늘의 빛과 바람까지도 함께 쓰며 울창하게 자라난 조선소나무는 수백 년 세월을 이겨내고 궁궐의 대들보가 된다.

그에 비해 수입종인 리기다소나무는 생장습관이 철저히 배타적이고 이기적이라고 한다. 양분 싸움을 위해 뿌리도 한쪽 방향으로만 뻗고 가지 또한 서로 질세라 같은 쪽으로 겹치다보니 처음엔 기운차게 자라다가 얼마 안 가 병을 얻고는 추레한 모습으로 성장을 멈추게 되고 만다. 무심한 바람결에 흔들리고 있는 나무들의 세계에도 엄연한 그들만의 질서가 있는 것이다.

나무에게도 마음이 있는 것일까. 한 가지 놀라운 것은 상수리나무와 도토리나무들은 가을에 산 위에서 들을 바라보고 섰다가 들판에 풍년이 들면 열매를 조금 맺고, 흉년이 들면 그해 귀한 식구들을 생각해 열매를 많이 맺는다고 한다. 정말 기가 막히지 않은가. 나무들의 세상 사랑이.

올봄 아파트 정원수인 대추나무는 이상하게 다른 나무들의 초록잎이 무성해질 때까지 잎눈을 틔우지 않았었다. 자목련이 다 지고 연둣빛 감나무 새잎이 초록으로 변할 때가 되어도 무심한 겨울나무처럼 나목인 채 그대로 있었다. 작년의 주렁주렁한 열매를 떠올리며 오며가며 마음을 쓰곤 했다.

그러나 대추나무는 다른 나무보다 게을러서 겨울잠을 길게 잔 것이 아니었다. 더 많은 열매를 맺을 준비를 하기 위해 길고도 충실하게 오랜 잠을 잔 것이다. 대추나무가 열매가 많이 달렸다고 한쪽 가지가 부러지던가. 오히려 더 많은 열매를 맺는다. 사람 또한 바쁘게 살수록 시간을 더 효율적으로 잘 사용해 많은 일을 하는 것과 같은 이치일 것이다.

태풍이 잠시 지나간 자리, 식물의 세계를 보며 내 안의 바람을 잠재운다. 무모했던 치기의 바람, 못다 이룬 욕망에의 바람, 이 모두를 나무들의 겸허함 속에서 추스르며 배울 일이다.

풍경

잠에서 깨어나는 달맞이꽃을 만나러 간다. 어제 피어나던 그 색깔 봉오리가 그대로인지를 가늠하기 위해서다. 달을 사랑한 야생화. 동경憧憬의 수줍음을 닮은 색깔이랄까. 달맞이꽃의 노랑은 그냥 노란색이 아니다. 호박단 저고리 황금빛 자태, 어릴 적 밤잠을 설치던 설빔과도 같은 빛깔이다. 얼마나 더 기다려야 연모의 넋이 씻겨지려나. 앞섶에 스민 함초롬한 그리움이 한 떨기 상사화의 비련이다. 이백의 술잔에 떠 있던 달은 간밤에도 환하게 꽃 속에 숨어들었다.

장마의 거친 속살이 잠시 숨을 고르는 사이, 숲들은 아직 깨어나지 않았다. 제법 물살이 빠른 개울을 망설임 끝에 건넜지만 차오른 물에 운동화는 이미 발목까지 잠기고 만다. 낯익은 징검다리 돌찌귀는 말간 물살 저 아래서 가쁜 숨을 몰아쉬고 있다. 산정으로 오름에는 두 갈래 길이 있다. 완만한 계곡을 거스르는 다소 역동적인 이 길과, 좁다란 그늘로 이어지는 조붓한 오솔길이 그것이다. 삶의 길에도 언제나 몇 가지 갈림길이 마주한다.

마음이 부풀어 부자가 되는 것도 불어난 저 계곡물 탓이다. 백양산 물굽이를 돌아 호기 있게 흘러내리는 물소리는 메말랐던 산천을 적시고는 거칠게 연주되는 협주곡을 이룬다. 빈산 바위에 앉아 귀 기울이는 자연의 오페라. 허연 거품을 일구며 기운차게 흐르는 물보라에 귀가 먹먹해진다.

"물이 깊어야 고기가 모인다."라고 했다. 덕망이 높고 인품이 있어야 사람이 따른다는 말 앞에서 내 삶의 물길이 부끄러워질 뿐이다. 세상의 속진을 없애주고 마음마저 정화시키는 물의 존재야말로 으뜸가는 고마움이다. 갈증에 목을 적실 때, 수도꼭지에서 손을 씻을 때도 '고맙다, 고맙다.'를 연발하는 내심은 물에 대한 각별한 경외심 때문이다.

이슬이 싱그럽게 손짓하는 오솔길을 걷는다. 지상에서 가장 낮게, 수평으로 날아다니는 동박새의 몸놀림을 본 것은 칡넝쿨과 넝쿨 사이였다. 분초에 몇 번을 숨 가쁘게 반복하는 그 몸짓을 보면 우리가 사는 시간이 느긋하고 빈틈이 너무 많은 것도 같다. 물론 동박새처럼 사는 길도 있고 해오라기처럼 느릿하고 여유 있게 사는 길도 있다. 나는 그 어느 쪽에도 들지 못했다. 내 삶은 아마도 꼭대기에 이르면 다시 아래로 구르는 시지포스의 바위처럼 쉼 없이 반복되는 허망한 몸짓이 아니었을까.

나무와 나무들이 부딪는 소리, 장맛비에 말갛게 씻긴 몸을 서로 기대는 화음들이 새벽의 정령들을 불러 모은다. 에니멀 킹덤의 노래하는 나무처럼 굵은 몸짓에 성긴 잎새들이 하늘 향해 일제히 손바닥을 펼친다. 나무들은 그냥 서 있는 것 같지만 다른 나뭇가지에 내 가지를 넣지 않는 등 그들만의 예절이 있다고 한다. 또한 상처를 입으면 스스로 미생물을 죽이는 피톤치드를 내뿜어 진액으로 상처를 감싼다는데 이 같은 자연의 질서 앞에 고개 숙이지 않을 수가 없다.

세상의 아침은 아직 혼곤하게 잠들었고 사위는 죽은 듯이 조용하다. 여신 에오스가 보자기에 이슬 마디를 풀어 청정한 기운을 두르면 녹색 대기는 비로소 잠에서 깨어난다. 물구나무 기구에 비스듬히 기댄 채 하늘 향해 몸을 누이고 스르르 눈을 감는다. '사사사사 사르륵….' 깊은 정적 속에 스미는 이 소리는 무엇일까. 분명 빗소리는 아니다. 다시 귀를 기울인다. 빈 숲 속의 고요에 머무를 때만 들을 수 있는 수풀의 목소리다. 경이롭다. 저들에겐 저들만의 언어가 있다.

오래된 숲에는 바람이 산다. 바람의 본질은 한곳에 머무르지 못함이다. 한때는 높은 구릉과 안개를 희롱하며 노도처럼 질주하는 바람의 자유가 부러웠다. 내 안에서 잠재우는 그리움의 원류를 따라 골짜기든 내든 흐르고 싶었다. 언제나 발목을 잡는 것은 도덕이나 규범이 아니었다. 모험을 감당 못하는 나약한 본성이었다. 인생의 여름에서 한참 멀어진 지금, 이제 바람이 잔다. 내쳐도 불지 않는 내 안의 바람이 어쩌면 그 폭풍의 시절을 그리고 있는지도 모른다.

새벽 정기를 머금어 바람에 한들거리는 분홍빛 자귀꽃나무의 자태는 흡사 젊은 날의 자아를 흔들어대던 그 요요하던 부챗살을 닮아있다. 가는 실처럼 길게 매달린 꽃술은 미풍에도 몸을 일렁인다. 사람을 매혹시키는 빛깔하며 모양새가 저리도 고혹적인데 그 나무는 여물고 단단해 도낏자루를 만드는 데 쓰인다니 사람에 비유한다면 문무를 겸비했다고나 할까. 밤이 되면 잎이 오그라졌다가 햇살 바른 양지 녘에서만 피어나니, 달맞이꽃과는 서로 상반되는 임을 가진 셈이다.

하산하는 길, 가파른 돌계단을 조심스레 내딛는다. 수마가 할퀸 숲길은 뼈대만 남아 군데군데 웅덩이가 파였다. 뾰족하게 드러난 바위가 발걸음을 움직일 때마다 몸을 기우뚱하게 젖히기도 해 자칫하면 넘어뜨릴 기세다. 오솔길 역시 돌과 흙이 적당히 묻혀있을 때가 걷기에 부드러웠듯이, 사람 또한 세파에 적절히 순응할 때 원만한 인품을 지닐 수가 있을 것이다.

등 뒤에 빗금으로 내려와 앉는 아침 햇살, 산소로 무장한 몸은 이미 둥실 뜨는 풍선이 되어 하늘이 저절로 양 어깨를 띄워준다. 가볍다. 살랑바람마저 등을 떠민다. 어서 빨리 일상으로 돌아가자고. 동녘 하늘에 먼동이 터 오른다.

은수저

태산목 같은 어금니가 빠져 나가는 날, 간밤 꿈에는 낯선 치과의의 무지막지한 집게 기구가 보이기도 했다. 한편으론 마음을 다그친다. 그래. 부딪쳐 보는 거다. 입 속에는 그 사람의 인생이 담겨있다. 쓰러지고 아파하며 살아온 인생이 오롯이 숨어있다. 두려움에, 창피함에, 게으름에, 때로는 현실의 벽이 높아 미처 손대지 못한 채 참아왔던 인생이 입 안 곳곳에서 파노라마처럼 펼쳐진다.

다부지게 깔끔 떨지 못한 습관의 편린들이 고스란히 남아 얼개를 이뤄 무너지고 스러질진대 등한시해 온 치아 관리의 주범 또한 나이다. 때늦은 자성과 유아기적 조급증에 비해 치과에서의 시술은 그야

말로 싱겁게 끝이 났다. 잇몸을 찌르는 마취용 주사바늘이 따끔한 가 했는데 '쩍' 하는 소리와 함께 끝났다는 것이다. 그렇게 당산나무가 뽑히는 데 걸린 시간은 오 분도 채 되지 않았다. 진료대 위에서 비스듬히 고개를 돌린다. 혈흔이 삐죽이 묻은 낡고 뭉그러진 원수덩어리 하나.

이래서 "앓는 이가 빠진 듯하다."라는 말이 있는 거구나. 시리고 아려서 잠 못 들게 하던 풍치의 원흉이 나가자 치열의 세계에 다시 예전 고요가 돌아왔다. 하기는 정해년 갑년, 기별 온 곳이 치과가 처음은 아니었다. 연초에 맨 먼저 접수된 과목은 정형외과였다. 멀쩡하던 왼쪽 팔이 반기를 들고 나선 것이다. 어깨를 찌르는 통증과 함께 팔이 돌아가지 않아 뒷단추를 잠글 수도, 머리를 감을 수도 없으니 사지四肢의 일부분일 뿐인 팔뚝은 그냥 제 기능을 잃고 흔들리고만 있었다. 우산도 없이 폭우 속에 서고서야 맑은 날의 소중함이 다가왔다. 고마움 모르고 함부로 써 온 사용자의 무심이 견책을 당하는 시점이다.

근막통증후군, 속칭 오십견이라 했다. 딴에는 수영과 운동으로 무장했답시고 그런 것쯤이야 비켜가리라 자만했던 오만이 스르르 백기를 들고 만다. 허연 가리개가 드리운 지하 물리치료실을 전전하는 나날이 계속됐다. 소염제와 찜질로 다스리고 나면 순해지는 듯하다가는 예리한 송곳으로 찌르는 것 같은 어깨 통증은 더욱 심해졌다. 어깨를 빙 두르는 신경주사도 별 무효험이다. 병이 하나면 의사는 백이다. 경험자의 귀띔으로 한의원을 찾아 '오행선침' 과도 대면해 본다. 그러나 해결점을 찾은 건 '증클리닉' 에서였다.

수십 년 써 온 팔뚝 근육과 어깨뼈가 유착돼서 잘 움직여지지 않음인데 지름길 두고 외진 길을 둘러온 셈이었다. 치료에 의존하기보다 시일을 두고 스스로 팔 근육을 강화하는 운동법을 권유했다. 물론 병변 부위에 투여되는 신경영양제 주사도 함께였다. 하세월 후에야 스스로 브래지어 끈도 여밀 수 있게 됐다. 사는 동안 남 하는 이력은 다 하고 넘어가는 것, 저 건너편의 기별도 이렇듯 정확하겠거늘 병고와 장송곡은 그저 남의 일인 양 잊고 살 뿐이다.

그러나 넘어가는 굴렁쇠는 거기까지가 아니었다. 피돌기의 인체 수레바퀴가 삐걱대기 시작하니 기다렸다는 듯 한꺼번에 신호를 보내온다. 이번엔 콜레스테롤이었다. 건강검진 결과, 위험수치를 훨씬 웃돌아 약물치료가 시작됐다. 하루 한 번, 알약 삼키기야 아무것도 아니었다. 혈중 콜레스테롤 수치가 높아도 일상생활에는 아무런 지장이 없다는데 그게 문제라고 했다. 급작스런 심혈관질환이나 심장의 이상이 모두 이놈이 주범이라고 보험공단에선 협박하듯 홍보책자를 띄운다.

피천득 선생님이 유년시절에 양지 쪽에서 곰방대를 문 갓 쓴 노인네들을 바라보며 "세상에 노인이란 종류의 사람은 따로 있는 줄 알았다."던 수필이 생각났다. 나 또한 그러하지 않았던가. 여기저기 반란을 일으키는 생리사이클이 인생의 나이테를 가늠케 하는 계절, 심해 저편에서 황량한 돌개바람이 일었다.

> 아무래도 안 되겠어/ 올 풀린 근육 사이로 / 우우 황소바람 일고/
> 내딛는 발걸음보다 / 앞서 주저앉는 뼈마디.
> – 오세희 –

눈길 머무는 곳은 시인과의 동류의식이었다. 나이, 그거 정말 거저 먹는 것 아니었구나.

언니가 은수저 두 벌을 보내온 것은 그즈음이었다. 청홍의 수복을 새긴 둔중한 수저와 은은한 갈색 토우 문양이 그려진 반상기 세트와 함께였다. 대과大過없이 건네온 생의 발자국을 기념하자는 뜻인 듯했다. 콧등이 시큰해졌다. 돌아보니 언니에게 한 것이 아무것도 없었기 때문이었다. 어금니 빠지듯 양친을 보낸 지 오래인 내게 언니는 바로 저울추같이 든든하게 삶을 지탱해주는 버팀목이었다. 동기간이었지만 부모였고 먼 길 함께 가는 동반자요 선배였다.

각박했던가. 앞뒤 돌아봄 없이 걸었으나 생존이 있되 생활은 없는 세월들이었다. 되짚어보면 소실점으로 좁혀지는 점선 어디엔가 아지랑이처럼 아늑한 날들이야 바이 없었겠냐만 스스로 자족함을 몰랐던 외줄타기의 시간들이었다. 그렇다고 은가루가 뿌려지는 별세계를 부러워한 적 또한 없었다.

서양 속담에 태생부터 유족裕足하게 혜택받은 환경에서 태어난 이를 '은수저 물고 태어났다.' 고 했다. 에스파냐전쟁을 승리로 이끈 로마의 카이사르가 그랬고 명장 스키피오가 그랬다. 그러나 "브루터스, 너마저도!" 하며 비참하게 숨져간 카이사르나, 한니발과 맞서 싸워 용맹을 떨친 스키피오 역시 정적들의 음모로 탄핵을 받았으니 보장받은 생의 출발이 그 끝자락마저 영예로운 건 아니었다. 천국의 나날은 바로 지상의 평범한 하루들이라고 했다. 필부匹婦의 언저리에서 장삼이사張三李四로 살아온 내게 언니의 선물은 그래서 더욱 의미로운지도 몰랐다.

매끄럽게 구르던 애마가 연식이 다해 정비소에서 한꺼번에 나사를 조이듯 어제는 또 빈뇨증으로 내과를 다녀왔다. 자, 이젠 또 무엇이 올 테냐. 방어 자세로 글러브를 단단히 조이지만 링 위의 선수는 아무래도 세월이란 장사 앞에 고개를 수그린 태세다. 정해년 시월의 바람, 계절도 가을이요 날도 석양이다. 들판에는 익은 과일이 떨어지고 주방에선 밥물이 스르르 지고 있다. 모두가 자연이다.

안창마을 이야기

숨은그림찾기하듯 꼬불꼬불 미로처럼 이어진 좁은 계단을 오른다. 맞은편에서 사람이 오면 옆으로 어깨를 돌려야 간신히 비켜간다. 사람 사는 동네가 산 아래에만 있는 줄 알았던 무지의 오만이 몸을 낮추는 지점이다. 한겨울, 눈비라도 얼어붙으면 다랑논처럼 가파른 이 경사진 길을 대다수 고령자인 주민들이 어떻게 운신하고 나다닐 수 있을까. 이리도 빈한한 삶의 현실 앞에서 노령화 사회문제와 독거노인에 대한 관심? 그것은 화려한 망상에 감춰진 미명이었음을 생각해 본다.

골목길 어디선가 쪽문을 밀고 나온 남정네는 맨발 샌들에 내복 차림이다. 구부정한 어깨에 찰랑찰랑 넘치는 노란 오줌통을 한 뼘 채전밭에다 철철 뿌리고 있다. 푸석푸석한 흙의 기운이 갈급한 듯 양분을 받아 대지는 수분을 빨아들인다. 몸에서 나온 것이 다시 몸으로 들어가는 자연과 인간의 순환관계다. 가난은 죄가 아니라 단지 불편할 뿐이라고 했던가. 그러나 내 눈은 발갛게 부은 그 남자의 새끼발가락에서 떠날 줄을 모른다. 그리고는 더 가지지 못해 안달했던 마음속 가난을 부끄러워한다.

중창6길 막다른 골목 요셉 할아버지네는 널빤지로 된 좁은 쪽마루가 놓여져있다. 짧은 겨울 오전 해가 열어 놓은 미닫이 사이로 고양이 꼬리처럼 졸고 있었다. '안녕하세요?' 문 앞에 들어선 나를 멀거니 바라보는 주인의 눈길은 복지관 수녀님이 발급한 명찰에 고정돼 있다. 손잡이가 날아간 검은 주전자에 찻물을 올리며 굳이 들어오라는 인정을 마다하지 않는다. 한데 기온보다 썰렁한 방안 공기에 어깨를 움츠리는데 그러고 보니 주인장은 누빈 솜옷을 겹으로 입었다. 온기라곤 없는 냉골에서 찬 서리를 이길 수 있는 방법은 겹겹이 껴입는 수밖에 없음을 그제야 안다.

바람직한 사회경제 구조는 어떤 것일까. 소시민의 희망사항은 지각없는 낭비에 흥청대는 부유층과, 냉골에서 엄동을 나야 하는 절대 빈곤의 격차가 심하지 않는 평등한 세상을 바랄 뿐이다. '세상에 태어날 때 빈손으로 왔으니 가난한들 무슨 손해가 있으며, 죽을 때 아무것도 가져갈 수 없으니 부유한들 무슨 이익이 되겠는가.' 라는 도사 같은 말이 참 무색해지는 동네가 우리 곁에 산재해 있다. 문자보다 엄연한 건 살아내야 하는 현실이다.

세한의 산마을을 누비는 일이 호락호락하진 않지만 이상한 건 날이 새면 그곳으로 가고픈 원의가 심층 깊은 곳에서 꿈틀대고 있다는 일이다. 안창마을 호계천4길, 찻길과 멀어져 어지간히 올라온 고립무원의 양철집이다. 철사 고리로 얽어맨 헐거운 판자 대문 앞에는 잡목이 심어져 있고 번지수도 맞는데 인기척이 없다. 어제 통화로는 네 시경에 들르겠다고 했는데? 돌아가야 하나…. 눈 아래 다닥다닥 붙은 삶의 현주소를 아득히 내려다보며 시멘트 축담에 털썩 주저앉고는 수첩을 꺼낸다. 산의 정적, 빈 절터같이 요요한 적막감. 절대고요 탓일까. 어디선가 무슨 소리가 들리는 듯도 하다.

창호지 벗겨진 쪽문을 설핏 밀어보니 안에서 TV소리가 나고 있었다. 사람이 있다! 세상에, 그렇게 수도 없이 전화를 했건만…. 방 안에는 퉁퉁 부은 할머니가 미동도 않고 혼자 브라운관을 응시하고 있었다. 벗어놓은 신발 옆의 목발이 주인의 존재를 대변하고 있을 뿐, 방문이 열려도 무반응이요 세상과는 무관한 눈빛이었다. 화면이 뿜는 푸른 기운 속에 방치된 인생, 세상에 날 때 귀하지 않은 생명이 어디 있을 것인가. 중풍과 관절염에 대상포진 후유증으로 가렵다며 견딜 수 없이 긁어대는 손자국마다 선혈이 붉게 번지고 있었다. 허리마저 다쳐 거동이 불편한 할머니를 위해 '방문간호'라고 수첩에 적는다. 의료기관과의 서비스연계를 위함이다.

황혼이 비록 고달프다 해도 활달함을 잃지 않는 노년도 없는 것은 아니다. 작고 다부진 체구에 부지런하고 적극적인 이부자 할머니는 이름과는 정반대의 인생을 살아오셨다. 그러나 자신의 역경을 원망 않고 옹골차게 끌어안았다. 오늘은 그녀 삶의 실꾸리를 풀어나가는 데 한나절이 훌쩍 지나가버렸다. 시름이 빗물처럼 흘러내리던 시절의 이야기를 그는 눈물도 없이 엮어나간다. 결핵환자인 줄 모르고 시집간 남편은 2년 살고는 훌쩍 떠나버렸다. 스물일곱에 청상이 된 그는 평생 홀로 두 아들을 키우며 궂은 일로 세상을 헤쳐 나왔다. 그 아들의 손자가 올해 명문대에 입학했으니 어찌 자랑이요 보람이 아니겠는가. 들어주는 내 몫이 할머니의 행복이라면 한나절이 아니라 하루인들 아까울 것인가.

오늘의 어르신은 안 먹고 안 입고 자식 위해 앞만 보고 살아온 세대다. 노쇠와 상실감 앞에서 생의 저녁을 맞이한 그들에게 우리 사회는 얼마큼의 안전망을 구축하고 있는가. 그나마 '할매' '할배' '노인네' 에서 실버세대, 어르신, 여기까지 오는데도 참 많은 세월이 흘렀다. 그러나 외롭고, 돈 없고, 아프고, 일 없고, 이 네 가지 고苦를 이기지 못해 하루에 십여 명의 어르신이 스스로 생을 마감하고 있다. 우리나라는 OECD국가 중 노인자살률 1위라는 자랑스럽지 못한 통계수치를 가지고 있으니 어른 공경과 효 사상을 미덕으로 여기는 동방예의지국의 이름이 무색할 따름이다.

티벳 산골의 소금밭에는 티벳 여인들의 땀과 눈물이 변해 소금이 되었다고 한다. 빈곤이 소금밭처럼 여물게 달라붙은 산복도로 비탈길을 걸어 나오며 나는 왜 티벳 여인들이 떠올랐는지. 인생이 히말라야 산정을 오르는 일과 다르지 않다는 생각에서였을까.

삶이란 원래 비곤하고 외롭고 쓸쓸한 것, 그러나 왕후의 생애도 산골 촌부의 일생도 소중하긴 마찬가지일 뿐 다를 것은 아무것도 없다. 남루와 고난을 머리에 이고 사는 그들 삶의 한가운데는 힘없는 민초들의 억장 무너지는 한과, 남 해칠 줄 모르고 여리게만 살아온 순후한 삶의 이야기들이 담겨있다.

날이 새면 또 내 발걸음은 범냇골 꼭짓점 만리산2길을 걷고 있으리라.

열차 안 풍경

햇빛에 반사된 강물의 수면은 윤기 나는 갈색의 무른 흙이다. 강물 아래에는 무수한 생명들을 보듬고 있건만 차창 밖으로 자꾸만 밀려나는 강물의 윤슬은 그냥 한없이 펼쳐진 대지의 마음이다. 태초에 물이 있었을까. 유순한 듯하다가도 파도에 휩쓸리면 세상도 삼키고 마는 바다. 강물과 바다의 사연은 저마다의 가슴에서 시가 되고 노래가 된다.

여행은 또 다른 자연과의 만남이다. 객창 너머로 지긋이 바라보는 강물과 산줄기의 조화, 그것이 한없는 평화를 가져다준다. 구포 지나 물금까지 이어지는 도도한 강물의 흐름은 시월 오후의 햇살 아래 은

빛 비늘로 반짝인다. 산꼭대기 위엔 물에 빨아 헹군 것처럼 말간 하늘이 걸려있다. 바람에 춤추는 억새풀의 정경과 누렇게 익은 벼 이삭의 행렬, 가을은 이미 절정의 지점을 통과하고 있다.

열차가 밀양역에 섰다. 바삐 걸어가는 사람들의 발길 아래로 삐죽이 고개 내민 패랭이꽃이 살가운 미소를 보내온다. 무슨 영화를 보겠다고 너른 들판 산중턱 다 제쳐두고 너는 기차역 한 모퉁이에서 피어났느냐. 발자국에 밟히고 기적소리에 시달려도 아마도 인간을 그리워했음이던가. 사는 일이 어차피 길 위의 시간, 너나 나나 우리는 같은 길 위에 섰다.

앞으로만 계속 달릴 뿐 후진이 없다는 뜻에서 시간과 열차는 동의어同義語다. 후진이 가능한 자동차가 가끔씩 부러운 것은 청춘의 시절을 그리는 마음인지도 모른다. 찬란하게 반짝이는 젊음은 없었지만 더러는 옛일이 생각남은 되돌릴 수 없는 시간의 한계 때문일 것이다.

통로 건너편에는 모녀와 서너 살 아이가 탔다. 좁은 KTX좌석 공간으로는 셋이 앉기엔 무리일 텐데 자리에 앉자마자 꼬마는 재잘대기 바쁘고 젊은 할머니는 삶은 밤 껍질을 벗기기 시작한다. 아예 일회용 장갑에 과도까지 준비했다. 모녀 삼대의 단란한 여행이긴 한데 제비 입으로 밤을 받아먹는 꼬마의 조잘거림은 끝이 보이지 않는다. 비좁은 좌석 칸에서 끝내는 접이식 탁자 두 개를 펼쳐서 그 위에다 아이를 눕혔다. 잠이 든 손자, 드디어 실내가 잠잠해졌다.

동대구역에선가, 옆자리에 정장차림의 젊은 여자가 찾아든다. 뒤

따라온 남자를 향해 '잠시 생이별이네. 서울역에서 만납시다.' 하며 비어있던 창가 쪽에 앉는다. 통로 쪽 좌석의 나는 일순 청춘남녀 생이별의 주범이 된 것 같아 머쓱해지고 만다. 신혼여행인가? 좌석을 바꿔주고 싶은데 시렁 위에 간신히 얹은 저 무거운 짐들을 다 어쩐다? 아들 집에 가져가는 반찬 보퉁이며, 손잡이를 밀고 와 간신히 얹은 가방을 난감하게 쳐다보는 사이, 남자는 좌석을 찾아갔는지 보이질 않는다.

오래된 기차역에는 추억이 묻어있다. 대전역의 수많은 계단을 보는 순간 기억은 타임머신을 타고 어머님 생전의 시각으로 돌아간다. 플랫폼을 벗어나 길 건너편 버스정류장에서 200번 좌석버스를 탄다. 버스는 그리움의 바람을 가르고 점점 오래된 기다림의 간격을 좁힌다.

계룡대가 있는 논산 두마면에 내려 정육점에 들른다. 어머님을 위해 연한 살코기를 사고는 시지 않은 과일도 고른다. 지팡이에 몸을 의지한 채 저만치 동구나무 그늘에 앉아 딸을 기다리고 있던 어머님의 화안한 미소. 한겨울에도 밖에 나와 하염없이 못난 여식을 기다리던 어머님의 그 시린 손을 만져보고 싶다. 그러나 한 번 흘러간 물살은 결코 되돌아올 수가 없을 뿐이다.

미리내묘원에 어머님을 모시던 날은 삼월 어느 봄날이었다. 그날은 마치 중유의 세계인 양 둥둥 떠다니듯 입관과 하관 예절을 바라볼 뿐이었다. 벚꽃은 아직 피지 않았고 산중엔 눈발 머금은 바람이 일렁이고 있었다. 미처 꿈꾸지 않았던 생애 중의 어느 하루. 산그늘에도 어두움이 내렸다. 밥물이 지듯, 그렇게 어머님은 세상을 버렸으니 그게 벌써 십여 년 전이다.

이번 나들이엔 어머님의 산소 방문도 들어있다. 무어라 먼저 말할까. '엄마, 저 왔어요?' 아니지. 언제나처럼 커피를 올리면서 '커피 한잔 하실래요?' 하고 살아계실 때처럼 말할 것이다. 아침상을 물린 후 예전에 그랬듯이. 모정의 그리움에 뒤채는 동안에도 열차는 쉴 새 없이 가쁜 숨을 내쉬며 앞으로만 나아간다.

어느새 산야에는 가을 저녁 어스름이 찾아든다. 나무들은 이제 그늘을 드리우고 석양의 햇살이 볼을 간질인다. 가을은 큰 바람의 계절, 으스스한 기운에 서울 날씨가 춥다고 옷을 두껍게 입으라던 아들 녀석의 당부를 떠올린다.

여행은 나의 밖에서 나를 보는 '타자성'을 확보하는 방법이다. 생활이 현실이라면 여행은 꿈이다. 그 꿈속에서 떠나온 삶을 반추해보는 것이 바로 여행이 주는 힘이 아닐까. 가끔은 멀리멀리로 떠나 삶을 유랑하는 즐거움을 누리고 싶다.

유랑자의 방랑이 아니더라도 살아온 시간들에 대해 스스로가 안식년을 주고도 싶다. 어느 시인처럼 공항에서 남편에게 당분간은 나를 찾지 말아달라는 편지를 쓰고 싶다. 가방 하나에 헐렁한 샌들 차림으로 낯선 곳이 주는 긴장과 해방감을 맛볼 수도 있을 것이다. 풍물은 풍물대로, 사람은 사람대로, 모두가 내게 또 다른 스승이 되어주지 않겠는가.

꿈에서 현실로 돌아오는 시간은 그리 오래지 않았다. 가방을 챙기는 사람들의 술렁임과 기내방송의 여운, 열차가 서서히 서울역 홈으로 들어서고 있었다.

베란다 정원의 오후

베고니아 꽃술이 이렇게도 영롱할까. 줄기차게 올라간 꽃대의 우듬지에서 그 분홍빛 여린 눈물 같은 꽃망울이 오달지게도 매달려 있다. 책을 보다 문득 눈길이 그쪽으로 쏠리자 금낭화를 닮은 꽃술의 숫자를 세어 보지 않을 수가 없어졌다. 놀랍게도 요구르트 빨대보다도 더 가는 모가지에다 심장 혈관 모양으로 엉겨 매달린 꽃술은 자그마치 마흔 여덟 개나 되었다. 조심스런 손놀림으로 그것을 세는 동안 눈꽃처럼 여린 꽃가루가 포르르 흘러내렸다. 네가 이렇게나 소담스레 꽃을 피울 때까지 나는 모르고 있었다니. 미안하다. 베고니아.

천장에 닿을 듯한 기세로 뻗어 올라 보아주지 않는 새 관목이 되어버린 베고니아 줄기엔 여러 개의 대궁이 무겁게 매달려 있다. 며칠 후에 있을 문우의 출판기념회에 이 고운 꽃들을 다발로 묶어 꽃다발을 만들어가면 어떨까 생각해 본다. 그러나 이내 그 생각을 접었음은 생목을 잘라야함이 기껏 피워낸 꽃들에 대한 예의가 아니라고 생각했기 때문이었다.

해질 무렵 베란다에 의자를 놓고 책을 읽는다. 오며 가며 모아들인 화분이 삼 년째이건만 기존의 화초들과 어울려 이젠 제법 초록이 어우러진 정원이 됐다. 활자에 지친 시력이 잠시 놓여날 때는 푸름이 짓물러 시퍼렇게 잎새를 늘인 군자란을 손바닥으로 쓸어준다. 옆에 놓인 연둣빛 줄무늬 제비란이 '저는요?' 하고 말을 건네오는 듯하다. 칠월의 하오, 열려진 창 틈으로는 제법 선들바람이 솔솔 넘나든다. 그리도 이글거리던 햇살은 이미 재 너머로 마실 가버렸다.

한 식구가 된 지 십 년이 넘는 벤자민은 단연 잡초들의 수령으로 우뚝 서 그 서슬 퍼런 위용을 자랑했다. 그런데 늦봄부터 어쩐지 시들해지더니 누런 떡잎마저 번지기 시작했다. 그놈이 기운을 떨구자 날만 새면 베란다에 서던 꽃잎들과의 눈맞춤이 의미를 잃고 말았다. 의지하던 장남이 부모 뜻을 저버린 듯한 서운함이랄까. 돌보지 않은 맏자식은 나날이 수척해져갔다. 안 되겠다 싶어 결국 분갈이를 시도했다. 장뼘으로 한 아름이나 되는 커다란 도자기 화분을 뒤엎자 찰흙같이 시커먼 오물집이 찐득거리고 있었다. 녀석은 중병을 앓고 있었던 거였다. 자식은 속 골병이 든 줄도 모르고 관상용 욕심만 부렸던 부모의 꼴이라니. 두어 달이 지난 지금, 비로소 혈액순환이 되어 뿌리가 안착한 듯 바늘 같은 새순을 뻗치기 시작한다. 나날이 기도하는 심경으로 올려다보는 부모의 마음을 녀석은 알기나 할까.

도로변의 난간에 즐비하게 심어져 보라색 꽃잎을 나풀대는 사푸니아는 알고 보니 해바라기과였다. 도심 복잡한 공해 속에서 제대로 물도 주지 못할 텐데 나날이 나팔꽃처럼 생기 있게 뻗어가는 그 끈질긴 생명력이 신기하기만 했었다. 올봄에 지인이 그 모종을 주었을 때는 부지런히 수분을 채우기만 했다. 어쩐지 힘없이 처지는 모가지가 가여워 햇살 쪽으로 옮겼더니 이내 활기를 얻어 거짓말처럼 꽃잎을 피워댔다. 녀석은 태양과의 뜨거운 열애에 빠졌다. 나는 오래전 소피아 로렌이 나온 영화 「해바라기」의 따가운 태양 아래 끝없이 펼쳐진 노란 평원을 떠올렸다.

며칠 전 안부전화를 해 온 친구의 목소리는 평소보다 들떠 있었다. 며느리가 첫 손자를 순산했으니 그럴 만도 했다. 기다리던 귀한 새 생명을 선물받았으니 덩달아 내 기분도 하늘로 날았다. 마음 같아선 산후조리원으로 달려가고 싶었지만 인척도 아닌 판국에 주제 파악이 필요하지 않으냐. 궁리 끝에 한창 새순이 소담스레 돋아난 로즈마리 분을 꽃무늬 셀로판지로 예쁘게 포장했다. 축하카드까지 대롱대롱 매달아 인편에 전하고 나니, 곧 자라날 새 아기가 허브 향처럼 그윽한 향기를 풍기는 사람으로 커갈 것 같았다.

누구나 꽃의 마음을 지향한다. 향기롭고 순후해서 아무에게도 상처의 눈금 하나 내비치지 않는 단순하고 수수한 들꽃이 될 수는 없을까. 그러나 아무나 꽃이 될 수는 없다. 부박하고 속절없는 세월 속에 부대끼다 보면 생의 바늘 같은 가시는 하느적대는 꽃이기만을 거부하기 때문이다. 하늘 향하지 않고 바닥에 낮게 드리워져 콩만 한 잎새로 아늘아늘하게 뻗어나간 트리얀의 작은 겸손이라도 닮기를 원해 볼 뿐이다.

가끔씩 달빛의 유혹에 쉬이 잠들지 못하는 밤, 베란다 등도 켜지 않은 채 하늘을 쳐다본다. 거대한 은화 같은 새하얀 달빛은 도회의 명멸하는 불빛 속에 숨죽이고 있다. 도심의 작은 초록 공간에 갇힌 나는 산골 암자의 마당에서처럼 온몸에 휘감기는 달빛을 꿈꾸기도 한다. 오늘 밤에도 보랏빛 자란이 한 뼘 키를 키우고 있다.

신념

생긴 모습이 다르다. 사는 곳, 입은 옷 모두 다르다. 내면의 깊이 또한 제각각일 터. 그러나 같은 지향점을 향해 함께 모인 '동반자'의 이름. 서울 광주 부산에서 몸에 익은 삶의 틀을 잠시 벗어난 사람들이 숲에서 나와 나무를 바라본다.

—「수도원 단상」 중에서

그 눈물의 의미

마음이 간절해질 때가 있다. 글이 쓰고 싶어질 때다. 파란만장한 여인의 일대기를 읽었을 때나, 그녀 삶에 감동을 얻어 책장을 덮고 마음이 멍해질 때가 그러하다. 김서령의 「여자전女子傳」을 읽으며 인생은 결코 허망하지도 사소하지만도 않다는 걸 생각하게 된다. 한세상을 아프게 견뎌낸 자들의 삶엔 나무의 목리같이 아름다운 지문이 찍혀 있다.

한 달의 인연을 영원으로 간직한 채 지상에 없는 남자, 그만을 향해 오십 년을 살아온 여인이나, 이북으로 간 남편을 기다리며 일점혈육 없이 반세기 넘게 홀로 가문을 지켜온 종부의 사연은 꽃으로 문질러 쓴 한 편의 애달픈 서사시다. 또 죽음의 황하강을 건너온 중국 팔로군 출신 여인이라든지, 비록 자궁은 뺏겼지만 천하를 얻었다는 일본군 위안부 할머니의 기구한 사연은 그나마 기록해 주는 이 있어 후세에 회자되고 있다. 그러나 이름 없이 스러지는 밥물처럼 살다간 슬프도록 아득한 민초들의 삶은 뉘 있어 기억해 줄까.

간절해지는 마음의 근원엔 잊히지 않는 그 눈물의 의미가 함께한다. 지금 이 시간에도 구호소나 세상에서 격리된 요양원에서 무인도 석상이 되어 시계 초침과 함께 연명하고 있는 기막힌 인생은 없을지.

이미 가을이 왔는데도 올여름 소중한 땀의 기억과 함께 말없는 가슴으로 흘리던 그 남자의 수정 같은 눈물이 왜 쉽게 지워지지 않는 것일까.

소나무가 빽빽이 들어찬 뒤 숲엔 매미소리가 한창이었다. 들끓는 한여름의 열기 속에서도 기저귀를 갈아 채우고 와상 환자들의 목욕 준비를 서둘러야 하는 요양원의 한낮은 등줄기 땀을 의식할 새도 없었다. 4층엔 스무 명의 어르신이 계신데 절반 정도가 누워서만 지내는 중증 환자였다. 처음에는 어디가 불편한지 나이가 몇인지 언제 들어왔는지 하는 그런 세상적인 관심이 먼저였지만 점차 그런 꼬리표가 얼마나 부질없는 것인지를 알게 됐다. 살아서 채워지는 날들보다 영원의 날을 기다리는 이들에게 그 외적인 호기심은 이미 아무것도 아니었기 때문이다.

마라톤의 등수가 출발 때보다 골인 지점에서 정해지듯이 사람의 일생도 아무리 은수저 물고 태어났다고 해도 노후의 삶이 그 인생의 품격을 말해준다. 젊어서 춤 선생을 했건 고리대금업자로 지냈건 하늘은 너 그때 뭐 했더냐고 묻지 않는다. 다만 허리 굽어서 하늘 바라보는 그 삶의 실제만이 그가 어떻게 살아왔는가를 평가할 뿐이다. 어찌 하룬들 허투루 살 수 있을 것인가.

그 남자는 다른 이의 도움 없이는 몸을 움직일 수도 없고 듣지도 말하지도 못하는 그냥 정물이었다. 빡빡 민 머리통은 달처럼 둥근데 흰 피부와 유달리 큰 눈이 인상적이었다. 그가 어떤 인생을 살아왔는지, 어쩌다 이 지경이 됐는지 가슴으로 무얼 말하고 있는지 우리는 알지 못했다. 그리 많지 않은 나이가 교통사고나 기억상실 등을 연상할 뿐이었다. 그러나 흐릿하게 먼 데를 응시하는 그 눈동자는 많은 이야기를 담고 있는 듯했다.

그날도 반찬을 잘게 다진 식반의 밥을 떠먹이게 됐다. 침상을 조절해 앉히고 턱받침을 대고 팔을 고정시키고 하는 일들은 어느 정도 익숙해졌으나 삼킨 음식이 식도를 통과할 때까지의 완급을 조절하는 요령은 역시 인내를 필요로 했다. 음식이 절반쯤 줄어들었을 때였을까. 내 눈을 깊이 바라보던 그의 얼굴이 조금씩 붉어지면서 경련이 일었다. 그리곤 입술을 실룩이며 쉽디쉽은 표정으로 주루룩 눈물을 흘렸다. 그렇게 한동안을 소리 없이 흐느꼈다. 말을 잃은 그에게 그것은 감사의 눈물이라고 했다.

말을 못한다고 해서 감정마저 없어진 것은 아니었다. 느끼고 깨닫고 전하고자 하는 의지의 분출은 속에서 용암처럼 샘솟고 있었던 것이다. 영혼 저 깊숙이에서 뽑어져 나온 내면의 언어, 그것은 눈물이었다. 오열도 자제도 아닌 꾸밈없는 인간의 순수 앞에서 우리는 감동한다. 언어는 때로 얼마나 무위한 것이던가. 수다와 허세와 과장된 위선의 포장은 진실의 알맹이를 사장시킨다. 안드레아 보첼리의 음악이 가슴을 적시는 것도 그가 앞을 못 보는 영혼의 목소리를 가졌기 때문일 것이다.

할 말을 눈물로밖에 표현할 수 없는 사람. 그 눈물의 언어는 살아 있었다. 올여름 진심에서 흘러내리던 그의 눈물은 붓끝은 어눌하고 감정만 격한 내 글쓰기의 전형을 부끄럽게 만들어주었다. 타인의 무경우를 보지 못하고 불쑥 끼어드는 경망스러움과, 할 말을 오래 참지 못하는 가벼움도 뒤돌아보게 했다.

눈물은 문자보다 많은 의미와 호소력을 담고 있다. 언어의 가벼움은 소리 파장으로 사라지고 말지만, 깊은 감정의 떨림에서 나오는 눈물은 말로서는 다할 수 없는 진정성을 보여준다. 그 남자가 보여준 말없는 눈물처럼.

언젠가는 나도 눈물처럼 진솔하고 뜨거운 글 한 편 쓰고 싶다.

인간의 길, 신의 길

이즈음에 마음이 편치 않았다. 잠을 자도, 깨어나도 마치 허방을 짚고 있는 듯, 허전하고 빈 마음이었다. 며칠 전 김수환 추기경께서 선종하셨다. 이미 고령이라 예감했던 터였지만 그 빈자리가 너무도 크기만 하다. 암울했던 시기에 등불을 밝혀준 우리 시대 큰 어른이시라 연사흘째 온 나라 안이 떠들썩하지만 그분이 원했던 것은 하늘 가는 그 길마저도 조용히 가고 싶었을 것이다.

서울대교구장이었던 47세에 세계에서 가장 젊은 추기경이 되었을 때, 청년 수환은 자신도 도무지 믿기지가 않아 '뭔가 잘못되었을 것'이라며 어리둥절해 했다. 숨은 일도 보시는 하느님께서는 이미 그의 소박하고 진실된 목자로서의 품성을 내다보신 것일까. 그가 단순한 종교지도자를 넘어 온 국민이 존경하는 인물이 된 것은 가톨릭 신자만이 아니라 모든 사람을 '형제'로 삼아 그들을 사랑하고 봉사하고 나누는 데 몸과 마음을 바쳤기 때문이다.

지난 사십 년간 그는 우리 사회가 중심을 잡는 데 주도적 역할을 했다. 칠팔십 년대 민주주의와 인권이 억압받던 암흑의 시절에는 국민의 민주화 열망을 대변했고, 소외된 약자에게는 인자한 아버지의 손길이었다.

유신정권의 어느 날, 김지하 시인을 찾아간 추기경께선 흰 로만칼라를 손으로 확 잡아 떼셨다. 왜? 가톨릭의 엄연한 사제의 상징인 로만칼라가 아닌가. 그는 한 성직자이기에 앞서 인간이기를 우선했고 인간 대 인간의 따뜻한 가슴으로 연금 상태의 한 시국사범과 대화를 풀어나가고자 했을 것이다. 신과 가장 가까운 곳에서 언제나 인간을 존중하고 사랑했던 사람, 김수환의 종교관을 엿볼 수 있는 장면이다.

김 시인이 영등포감옥에서 출옥하던 추운 겨울밤, 추기경이 그에게 말없이 내민 것은 한 잔 가득히 따른 위스키였다. 술 좋아하는 그에게 이보다 따스한 위로와 다독임이 있었을까. 어떤 날, 김 시인의 어린 아들이 추기경 할아버지에게 물었다.

"하느님은 어디 계세요?" "여기." 그가 가리킨 것은 하늘이 아니라 가슴이었다.

가난한 옹기장수 막내아들이었던 그의 일거수일투족은 국민적 관심의 대상이었지만 정작 그 생활은 단순하고 소박했다. 어느 미국인 신부가 구멍이 숭숭 뚫린 그의 속옷바지를 보고는 '한국의 어느 신부가 그처럼 구멍 뚫린 속옷을 입어본 적이 있겠는가.' 하고 부끄러워하기도 했다. 그런 추기경이 꼽은 가장 행복했던 시절은 가난한 신자들과 함께했던 본당신부 시절이었으며, 또한 가장 그리워한 풍경은 '어릴 적 국화빵 팔러 간 어머니를 기다리며 바라보던 붉게 물든 저녁하늘' 이었다.

어린 시절의 꿈은 장사꾼이 되어 돈을 많이 벌어 어머님께 삼蔘을 사드리고 싶었으나 순교자 집안에서 자란 그가 결국은 신앙심 돈독한 어머니의 권유로 사제가 되었다.

"주여, 당신이 보고 싶습니다. / 당신을 만나고 싶습니다. / 당신과 함께 살고 싶습니다. / 목숨 다하는 그날까지 / 당신과 함께 영원을 향하여 걷고 싶습니다. / 형제들을 위한 봉사 속에 / 형제들을 위한 가난 속에 / 그들과 함께 모든 것을 나누면서 / 사랑으로 몸과 마음 다 바치고 싶습니다. "

그렇게 간절히 기도하던 한 시대의 진정한 양심이 87세 노구를 이제 유리관 속에 고이 뉘었다.

근래 한 지도자의 죽음이 이토록 큰 울림을 준 적이 있었던가. 그를 추모하는 행렬은 길고도 뜨거웠다. 거기엔 가진 자와 못 가진 자, 좌와 우, 지역과 나이, 정치와 이념으로 가르던 내 편 네 편이 없었다. 사람들은 새벽 두 시부터 모여들어 조문이 시작되는 새벽 여섯

시엔 이미 십 리 길에 가까운 줄을 만들고, 이 줄은 조문이 끝나는 자정까지 이어졌다. 사흘 동안에 무려 사십만의 조문객이 유해가 안치된 명동성당을 찾았다. 영하의 추위에 길 위에 선 그들은 네댓 시간의 줄서기에 시달려야 했지만 그 흔한 실랑이나 고함, 새치기를 찾아볼 수도 없었다. 그 많은 사람들이 마치 없는 것처럼 행렬은 아주 느리게 움직였다.

이 '조용한 혁명'이 도대체 어떻게 해서 가능한 일일까. 무엇이 이 백성들에게 이리도 긴 목마름을 주었을까. 앞으로 어떤 죽음 앞에서 이렇게 긴 줄이 다시 생겨날 수 있을까. 그때 문득 생각나는 말이 있었다. '주여, 당신이 우리에게 가르쳐 주신 길은 너무 좁은 길입니다.' 앙드레지드의 「좁은 문」에서 신앙심 깊은 알리사가 한 말이지만 정말 그 길이 좁은 것일까. 인간이 좁은 문으로 들어가기 힘든 게 아니라 좁은 눈으로 세상을 보기에 그 문이 좁아보이는 게 아닐까. 십 리 길로 이어지는 애틋한 문상의 행렬, 그날 나는 인간의 길에서 신의 길을 보았다.

오전 10시, 장례미사가 시작됐다. 각국 대표들의 고별사에 이어 추기경의 육성 녹음이 생전의 모습과 함께 흘러나왔다. "내 나이 팔십오, 여생이 얼마 남지 않았다. 자연히 과거를 되돌아보게 된다…… 온 마음을 다해서, 정성을 다하고 힘을 다해, 나의 모든 걸 바쳐서 주님께 감사와 찬미를 드린다." 낮고 떨리는 음성이 들리자 곳곳에서 참았던 흐느낌이 터져 나왔다. 미사가 끝날 무렵, 맑고도 슬픈 종소리가 성당에서 울려 퍼졌다.

사람들이 운구차를 향해 손을 흔들었다. 하얀 미사포를 벗어 흔드는 이도 있었다. 그때 온몸에 땟국이 조르르 흐르는 노숙자임이 분명한 한 사내가 “제 2의 아버지다!” 하고 중얼거렸다. 종소리는 계속 울렸다. 사람들은 울음을 멈추지 않는다. 그들은 왜 우는가. 육친도 아닌 그가 누구이기에 그토록 속울음이 터지는가. 그것은 사랑이다. 우리는 그분이 떠난 후에야 비로소 사랑의 실체를 본 것이다.

성수聖水와 향香 연기가 추기경의 관 위로 흩어졌다. 정화淨化를 위한 예절이 끝나자 삼나무관의 뚜껑이 서서히 덮였다. 관 속에 든 부장품은 나무묵주 하나뿐, 세상 사람들이 귀하게 여기는 권위와 명예는 찾아볼 수 없었다.

용인 성직자 묘역의 조용한 땅, 하관예절이 끝나고 추기경의 관임을 표시하는 붉은 명정銘旌이 관 위에 올려졌다. 명정 위에 다시 한지가 놓이고 횡대橫帶가 관을 완전히 덮었다. 이제는 지상과의 엄연한 이별이다. “훌륭하지는 않아도 조금 괜찮은 구석이 있는 성직자로 기억해주기”를 바랐던 그를, 사람들은 어떻게 기억하게 될까. 그는 정치가도 사회운동가도 아니었으며 무엇보다도 주님의 사제였고 참다운 목자였다. 그러나 ‘그 존재만으로도 빛을 뿌렸던 사람’ 이었다.

이제 그는 떨리는 목소리로 갈구하던 아버지를 만나 뵈었을까. 그 아버지는 또 “어서와, 바보야.” 하시며 그의 손을 잡아주었을까. 구부정한 허리에 천진하게 웃는 모습의 그 자태로 주님 앞에 섰을 것만 같다. 묘비엔 사목표어인 '너희와 모든 이를 위하여!' 와 성경 시편의 '주님은 나의 목자, 나는 아쉬울 것 없어라.' 가 함께 새겨졌다. 김수환 추기경.

자신의 부재不在를 통해 더 큰 존재를 드러내신 분. 오래도록 사랑합니다.

빈손

책을 펼치자 아프리카의 광활한 평원이 나타났다. 타는 듯한 햇볕 아래 드문드문 기린 목을 하고 선 나무 사이로 사막의 건조한 바람이 지나간다. 고독이 오히려 사치처럼 보이는 빈 공간에서 한 사제가 흑인 소년의 고백성사에 귀를 기울이고 있다. 무릎을 맞대고 앉았으니 흰색 제의는 땅에 늘어뜨린 채다. 말하는 이와 듣는 이의 표정에는 흑백의 피부색보다 더 선명한 간절함이 묻어난다. 성자의 기운이 저런 것일까.

어제 바오로서원에서 아프리카로 선교사목을 떠난 살레시오회 이태석 신부의 책을 샀다. 두 장 넘기고는 창밖을 바라보고 석 장을 읽고는 눈을 껌벅이며 멍하니 쉬어가느라 쉬이 진도가 나가지 않는다. 어머니의 아들, 음악을 사랑하는 의사요 사제였던 그는 왜 지구 반대편을 돌아 저기 검은 대륙에 앉아있는 것일까. 한 잔의 마실 물이 아쉬운 척박한 오지로 그를 불러들인 것은 누구였을까.

사제가 되기란 쉬운 일이 아니다. 칠 년 동안의 신학 과정과 삼 년의 군 생활을 지나면 십 년 세월이 소요된다. 한 인간의 젊음과 열정을 깡그리 바쳐 독신으로 살고자 서약하는 사제가 태어나기까지는 숱한 어려움과 번민의 시간이 함께한다. 그러나 그 선택은 강요나 권유가 아니라 순수한 자신의 의지에서만이 가능하다.

의사가 되기 또한 만만치 않은 일이다. 인간의 영혼과 육신을 함께 치유하는 모든 과정을 거쳤을 때 그가 택한 땅은 일체의 문명이 배제된 아프리카였다.

일찍이 홀로 되어 덜렁 남겨진 10남매를 힘겹게 키워낸 어머니는 이제 아들이 사제가 되었다고, 의사로 키웠다고 한시름 놓는가 했는데 그 장한 아들이 어느 날 훌쩍 낯설고도 아득한 곳으로 떠나버렸다. 어떤 부르심에 대한 응답과 아들의 순수한 열정 앞에서 그 어머닌들 어찌해볼 수 없는 일이었다.

그가 경비행기를 타고 남부 수단의 톤즈마을에 도착한 것은 8년 전이었다. 모든 것이 거꾸로 돌아가는 세상, 전기 전화는 물론 텔레비전도 슈퍼마켓도 없는 동네였다. 섭씨 사오십 도를 오르내리는 곳에서 타는 갈증을 달래는 것은 더운 물 한 컵, 그나마 마실 물이 있으니 다행으로 생각해야 했다. '없는 것이 없는' 한국과는 달리 '있는 것이 없는' 황무지 같은 땅에서 쫄리(john lee)신부의 사목생활이 시작된다.

그에게 먼저 온 것은 어떤 일을 먼저 해야 할지 모르는 막막함이었다. 수년간 계속된 내전의 상흔으로 거리마다 널린 환자들을 돌보기 위해 우선 병원을 짓는 일이 시급했다. 그러나 톤즈에서는 모래 말고는 아무런 건축자재도 구할 수가 없었다. 나사못 하나를 구하려 해도 수천 킬로가 떨어진 인근 나이로비에서 비행기와 자동차로 실어 와야 했지만 오래지 않아 환자를 돌볼 수 있는 진료소를 마련했다. 열두 칸 방이 있는 작은 보건소 수준의 병원이었지만 그에겐 상처받은 땅에서 일궈낸 첫 번째 기적의 씨앗이었다.

학교가 없어 하루 종일 빈둥거리며 헤매는 젊은이들을 위한 교육사업 또한 중요한 일이었다. 원주민들을 가난과 무지에서 구할 수 있는 유일한 길은 교육이라고 믿었기 때문이다. 전쟁으로 폐허가 된 학교 건물에 다시 벽을 쌓고 지붕을 얹고 창문을 다니 비가 와도 쓸 수 있는 깔끔한 교실이 되었다. 문제는 교사를 구할 수가 없음이었다. 그는 직접 고등학교 수학을 가르치기로 했다. 첫 수업이 있던 날, 그도 모르게 형언할 수 없는 뜨거운 눈물이 볼을 적시고 있었다. 가난했던 어린 시절, 성당에서 풍금을 치던 소년을 바라보고 계시던 예수님은 먼 훗날 그가 선교사가 되어 아프리카로 오리라는 것을 미리 예견하고 있었을까.

톤즈마을의 딩카족은 나이도 생일도 모르고 산다. 거기엔 생년월일을 신고할 기관이 없기 때문이다. 여성들의 성에 대한 무지 또한 대단하다. 폐경에 대한 지식이 없으니 '임신한 지 이삼 년이 지났는데 배도 불러오지 않고 아기도 나오질 않는다.' 고 불평을 하며 병원을 찾는 아낙들이 종종 있다고 한다. 부끄러움 또한 모르니 팬티라는 게 있을 리 없고 진료실에서 아픈 곳을 물으면 독신사제에게 아무 거리낌 없이 옷을 훌렁 벗어젖히고 보여준다. 당혹해진 그는 오히려 아담이 선악과를 따먹기 이전의 순수를 느껴보기도 한다.

그러나 진료실로 들어오는 환자의 걸음걸이와 눈동자만 봐도 어떤 종류의 말라리아에 걸렸는지 알아챌 정도가 되기까지는 본인 스스로 수차례 말라리아로 고통을 겪어야했다. 마치 나환우들을 돌보기 위해 몰로카이 섬으로 들어간 다미안 신부가 마침내는 발등에 떨어진 끓는 물에도 아무런 감각이 없게 된 일과 같은 일이었다. 병원 어디에도 십자고상이나 성모상도 없었건만 진료한 환자들을 주일미사에서 마주치는 일이 늘어나기 시작했다. 함께 아파하고 먼저 안아주는 시간이 쌓이면서 매년 수백 명이 세례를 받는 선교적인 성과를 가져오게도 된다.

수단의 정말 아름다운 것 두 가지는 금방 쏟아져 내릴 것 같은 밤하늘의 무수한 별들과 투명하고 순수한 그곳 아이들의 눈망울이었다. 브라스밴드를 결성한 이야기는 영화 「미션」을 연상케 한다. 남미 원주민처럼 그곳의 청소년들도 탁월한 음감音感을 가지고 있어 배운

지 일주일 만에 양손으로 오르간을 연주하는 아이까지 나왔다. 이들의 뛰어난 소질을 발견한 그는 한국 후원자들의 도움으로 플루트, 트럼펫 등을 구입해 35인조 브라스밴드를 만들었다. 수단의 명물이 된 밴드는 이제 대통령이 참석하는 행사에 초대될 정도로 발전하게 됐다.

움막집 앞에서 각종 악기를 손에 든 채 하얀 이를 드러내고 올망졸망 웃고 있는 밴드부 사진 속에서 얼굴이 검지 않은 이라곤 맨 오른쪽 이 신부 혼자뿐이다. 그는 결코 성자가 되려 한 적이 없었다. 의술로, 음악으로, 영혼을 쓰다듬는 사제로서 불모의 땅에 희망을 심어준 것이 그의 역할이었다. 단지 가장 보잘것없는 사람에게 베풀라는 예수님의 말씀과, 아프리카원주민들과 함께 평생을 헌신한 슈바이처 박사, 그리고 자식을 위해 헌신적인 모범을 보여준 어머님의 고귀한 삶이 그를 거기 있게 한 스승들이었다.

사람은 누구나 나름대로의 향기를 지니고 있다. 우리가 남을 의식하든 하지 않든 우리 의지와는 관계없이 많은 사람들의 향기가 서로 얽혀서 서로의 삶에 영향을 주고 있을 것이다. 개개인의 삶 안에서 우리는 각자 어떤 향기를 만들어야 한다. 후각만 자극하는 향기가 아닌 삶의 원소적인 배열에 변화를 일으키게 하는 자석 같은 향기 말이다.

한 사제의 거룩한 삶을 통해 역동적으로 역사하시는 하느님의 모습을 느껴볼 때, 먼 나라에서 일어난 일들은 바로 우리들의 이야기로

다가오게 된다. 육신이란 바람에 흘러가는 누더기에 불과한 것, 영혼은 태어나지도 죽지도 않으리니 끝나는 일도 결코 없으리. 영혼의 주인에게 돌아갈 때 이 빈손에 무엇을 들고 갈 것인가. 삶의 진정한 가치를 추구하는 젊은 사제의 모습이 진정 아름답기만 하다.

* 열정적으로 아프리카 톤즈마을의 가난한 이를 돌보던 이태석 신부님(1962~2010)은 정작 자신의 건강은 돌보지 못한 채 마흔여덟의 나이로 하느님의 부르심을 받다.

수도원 단상

창을 연다

두터운 분홍 커튼을 연다. 스르르 밀어낸 주름 사이로 드러난 나목의 행렬, 거기 고독의 영상이 메마른 겨울바람에 흔들리고 있다. 바스락대는 갈잎의 소리들이 마음속 메마름과 악수를 청한다. 잔설이 덮인 부엽토 위에는 세월의 무게도 함께 쌓였다. 바람이 불면 낙엽이 소리를 지르듯 사람도 위험하면 소리를 지른다. 평온할 때 우리는 그분의 존재를 모르나 고난 중에 있을 때에는 하느님을 찾아 헤맨다.

'동반자' 재속회, 창설자의 영성을 좇아 생활 속 고난을 승화시키며 세상 속 수도자의 삶을 추구하는 무리들이 한곳에 모였다. 모자라면 모자란 대로 아프면 아픈 대로 어깨 짐을 메고 골고다를 향해 오르는 길. 종국에는 맞닥뜨릴 그분 앞에 설 때 그때 근원에서 우리는 다시 만나게 되지 않을까. 예수고난수도회 동반자, 문학이란 정신노동의 동반자, 내 삶엔 두 가지 동반자가 있다.

감실 앞에서

아무것도 아닌 제가 전체이신 당신 앞에 앉았습니다. 영원보다 아득한 수도원 안뜰에서 비로소 당신께 고합니다. '인간이 무엇이기에 이토록 지켜주시며 사람이 무엇이기에 당신 그늘 아래 품어 주시나이까.' 내게 준 인생이란 선물의 포장지를 한장 한장 풀어가는 이 시각, 늦게서야 아비 집을 찾아든 탕아처럼 침묵 속에 홀로 대면하는 자성의 밤이 깊어갑니다. 세상 속진 속에 쌓인 내면의 치부, 일상을 비켜나서야 유리알처럼 선연히 바라다보입니다. 화려한 외관에 초라한 영혼, 당신 앞에 부복해 엎드립니다. 할 수만 있다면 맑아지게 하소서.

솔 향 사이로 비치는 얼굴

창문 너머로 한 남자가 보인다. 그는 셔터를 누르고 있다. 순간을 불러 영원을 잠재우는 남자, 그의 투박한 머플러가 바람 속에 일렁인다. 고요 속에 안주한 이 수도원엘 처음 온 것일까. 오래도록 생동하는 바다에 취해 지구의 숨소리를 담아오더니 오늘은 겨울 숲의 적요와 허무를 바라보고 있구나. 영혼의 두께는 몇 겁일까. 개개인의 영성이 다르다 해도 전능자의 프리즘에 반사되는 사랑의 두께는 같은 비중이 아닐까. 우리가 받을 적당한 그릇만 준비한다면.

어두운 실내 복도를 흐르는 한 소절 그레고리안 성가. 우리는 오늘 수도원의 밤을 맞는다. 하느님의 장막 우이동 명상의 집. 카메라를 든 남자의 시선이 자연을 통해 승화되는 순간이다.

또 다른 만남

생긴 모습이 다르다. 사는 곳, 입은 옷 모두 다르다. 내면의 깊이 또한 제각각일 터. 그러나 같은 지향점을 향해 함께 모인 '동반자'의 이름. 서울 · 광주 · 부산에서 몸에 익은 삶의 틀을 잠시 벗어난 사람들이 숲에서 나와 나무를 바라본다. 각자가 세운 신앙과 관념의 나무를 객관적인 시선으로 조망한다. 문득 어둑신한 복도 저편에서 누군가가 다가온다. '부산 레지나야.' 낯선 얼굴이다. 그러나 안다는 일은 마음의 벽을 허문다. 살아계신 내 주님, 당신은 먼저 아시나이다. 한 점 이는 옷깃의 바람 사이로도 틈새 없는 사랑을 나눌 수 있는 사이. 따로 또 함께, 손을 잡지 않아도 나누는 눈빛만으로도 우리는 같은 길을 함께 가는 도반입니다.

수도 가족들

영원이다. 우리에겐 순간의 스침, 그들에겐 영겁을 통한 일생의 선택이다. 이십 년 전 파릇한 성소자였던 P수사가 중년의 수도자가 되어 오늘은 제대초에 불을 밝히고 있다. 근엄한 무게의 중후함보다는 그는 아마 폭넓은 인간의 깊이를 추구해 왔는지도 모른다. 말없는 미소가 간극의 세월을 말해주고 있다. 나는 성전 이편의 어둠 속에서 그의 조신한 몸짓을 응시한다. 드러나지 않게 숨은 기도와 희생으로 세상 어둠을 밝히는 사람들. 오랜만에 파비, 시몬, 요한 수사님의 모습도 보인다.

사람의 제복은 신분을 가름하고 검은 성의聖衣자락은 거룩함의 표상이다. 그러나 수도복 안에서 잠재우는 오욕칠정을 어이할 것인가. 돌이 되려면 산더미 같은 바위가 되고, 나무가 되려면 죽은 고목이 되라시던 아들의 어머니들. 그 안타까운 당부와 기도는 지금 이 시간에도 유효하다. 아, 어머니. 당신의 아들은 운수납자처럼 진리와 자유를 추구하며 평생을 신과 결혼한 수행자입니다. 포기 · 정절 · 순명 · 가난 그런 단어들의 모든 뜻입니다.

중년기 영성

신앙생활이 진보하면 영성생활이다. '너 어디 있느냐?' 지리적 공간적 시간적인 삶의 맥락들을 알 수 있을 때 우리 존재의 위치도 알 수가 있다. 강원도 양양에서 오신 젊은 사제의 열강으로 수도원의 밤이 이울어 간다. 중년기의 정의는 황혼을 바라봄이 아니라 '젖은 낙엽족'으로 분류된다. '쓸어버리려 해도 쓸리지가 않고 태워버리려 해도 잘 타지도 않는 낙엽의 존재' 그것이 노령화사회로 가고 있는 작금의 현실이란 지적에 강당을 메운 중년의 무리들 잠이 확 달아나고 만다. 잊고 살았던 서글픔의 현주소다. 나이 든다는 것은 버릴 것과 비울 것의 인식의 한계를 아는 일, 그게 바로 지혜가 아닐까.

수많은 언어의 만찬에서 한마디 일침이라도 가슴 밑바닥에 닿기만 한다면…. 심층 깊은 곳에 두레박을 던져라. 정신의 심지를 꼿꼿이 돋우려 해도 종일 찻길에 지친 육신의 곤고함은 꾸벅대는 고갯짓으로 낙엽의 존재를 입증하고 있구나. 진정 중요한 것은 말씀의 잔치입니까, 행실입니까.

덤으로 얻어진 시각

어둡다. 날은 새지 않았고 태양은 아직 검은 보자기에 싸인 채다. 우이동 뒷산 새벽 산행을 위해 중무장을 했건만 나서던 걸음이 포기하고 돌아선다. 오 신부님의 작은 손전등 하나에 의지해 열댓 명 정도가 웅성웅성 술렁대며 걸음을 옮기기 시작하자 낯선 산길과 미끄러운 잔설이 갑자기 발목을 잡는다. 집에서도 시원찮은 무릎 관절 때문에 평지 걷기만 하는 주제에 선뜻 나선 만용이 두려웠던 것이다. 일순의 치기를 접어 소리 없이 도로 현관문을 밀고 들어선다. 문 안은 따뜻하고 문 밖은 차갑고 낯설다. 어느 쪽을 택할 것인가. 인생은 매 순간 선택을 요구한다. 따뜻하고 익숙한 길? 메마르고 낯선 길? 나는 오늘 아침에도 모험을 거부하고 안락함을 택했다. 낙타 털옷을 입고 광야에서 외치던 세례자 요한은 이런 나를 보고 웃고 있을까.

어두운 복도에서 흐르고 있는 영혼의 성가, 동적인 것에서 정적인 쪽을 택한 시간의 갈림길에서 조용히 성무일도를 집어 든다. 수도원의 새벽이 밝아오고 있다.

불멸의 혼

건물들이 미처 윤곽을 드러내지 않았다. 파르스름한 새벽의 문을 열고 여행길 나서듯 집을 나설 때 아직 잠들지 않은 별 하나가 화장기 없는 창백한 얼굴을 비춘다. 초겨울의 싸늘한 정적 속에서 타박타박 걸어가는 길, 계단을 넘고 놀이터를 지나 산길 초입에 다다라 잠시 걸음을 멈춘다. 여기서는 매일 습관처럼 태양마차를 인도해 밤의 어둠을 몰아내는 새벽의 신 에오스와 악수한다.

잠이 덜 깬 나무들 밑을 지나가며 마른 잎들의 신음소리를 듣는다. 한데서 눈바람이 거친 겨울을 견디는 생명들의 하루하루는 엄숙하다. 찬란했던 태양과 입 맞추던 시절, 살랑대는 미풍에도 흔들리던 몸짓, 아마도 그들은 지난한 시절을 그리고 있는지도 모른다. 사람의 시간도 흐르고 흘러 낙엽이 된 후에 지나간 세월들을 그리게 될까. 물기 없어 바스러지는 마른풀의 모습에서 사람의 노경을 바라본다.

새벽을 애착하는 마음결 속에 영혼은 손에 쥔 향나무묵주와 통교한다. 기도하며 걷는 길은 새벽산길처럼 좋은 데가 없다. 어제의 신산도 머물러 있지 않고 오늘의 노역도 아직은 자리할 데가 없기 때문이다. 사박사박 어둠을 헤쳐 가는 길, 기도의 첫 번째 제목은 변함없이 안중근 의사의 유해 발굴을 위한 지향이다.

국권을 회복하거든 고국에 뼈를 묻어달라던 그의 소망은 백년이 지난 지금까지도 받들어지지 않고 있다. 도대체 유해는 어디에 묻혀진 것일까. 여순 감옥에서 가까운 중국 대련 한인천주교회에서는 유해 발굴을 위한 묵주기도 백만 단 운동을 펼치고 있어 그 뜻에 동참한지가 오래지만 애족의 혼이나마 반드시 이 땅에 돌아와야 한다는 믿음이 오래도록 그 지향을 멈추지 않게 한다.

죽어서 천년을 산 남자. 장부로 세상에 태어나 큰 뜻을 품었으니 죽어도 그 뜻을 잊지 말자고 하늘에 대고 맹세하던 사내. 무엇이 서른한 살 피 끓는 청년의 목숨을 나라의 운명과 맞바꾸게 했을까.

운명의 날이 있기 전 안중근은 이발을 하고 사진을 찍었다. 생애 마지막이 될지도 모르는 모습을 남겨두고 싶었던 것이다. 이어 대동공보 주필 이강李剛에게 거사 계획을 알리는 편지를 쓰고 즉석에서

「장부가丈夫歌」를 지었다.

장부가 세상에 처함이여 그 뜻이 크도다.
때가 영웅을 짓고 영웅이 때를 만든다.
천하를 굽어봄에 어느 날에 대업을 마칠거나
동풍은 점점 차가워지나 장사의 의기는 뜨겁도다.

하얼빈 역 대합실의 찻집, 안중근은 차를 마시며 작전을 구상했다. 아침 아홉 시경 열차가 도착했다. 군악대의 연주 속에 자그마한 노인이 열차를 내려와 의장대를 사열하자 러시아 병사들이 발을 구르며 경례를 붙였다. 하얼빈 거주 일본인들이 일장기를 흔들며 '반자이(만세)' 를 연호했다.

'저놈이 이토다.' 안중근은 권총을 뽑아 이토의 오른쪽 가슴을 겨냥해 세 발을 쏘았다. '탕, 탕, 탕!' 두 개의 총알은 가슴에, 세 번째 총알은 복부에 박혔다. 이토의 허리가 꺾어지며 무너졌다. 쓰러지는 이토를 확인한 중근은 권총을 던지며 외쳤다.

"코레아 우라! 코레아 우라! 코레아 우라!! (한국만세)!"

황해도 해주에서 무반의 후예로 태어난 중근은 15세에 붉은 옷을 입고 동학토벌군 선봉장으로 활약했으니 동학농민군은 그를 일러 '하늘에서 내린 홍의장군' 이라 불렀다. 20세기 한국의 대표적 독립

운동가인 김구와 안중근도 이때 운명적으로 만난다. 『백범일지』에 쓰여진 안중근의 기백이 범상치 않음이 드러난다.

“중근은 당년 열여섯에 상투를 틀었고 자색 명주수건으로 머리를 동이고서 돔방총을 메고 날마다 사냥을 다녔다. 영특한 기운이 넘치고 군사들 중에서 사격술이 제일로 나는 새, 달리는 짐승을 백발백중으로 맞혔다.” 후일의 의거를 실행케 한 면모는 어릴 때부터 길러진 것이었다.

안중근(다묵)은 감옥에서 사형집행을 앞두고 교회의 반대에도 불구하고 여순감옥에까지 면회를 와준 빌렘 신부에게 마지막 유서를 적고는 아내인 아려에게 남긴 유언에서 장남 분도가 신부가 되게 하라는 말을 남겼다. 그가 남긴 여섯 통의 유서를 읽고 있으면 죽음을 며칠 앞둔 체념으로 가라앉은 투지와 함께, 서른한 살 애처로운 영혼이 품었던 외로움을 느낄 수 있다.

아들 중근을 천주교에 입교시킨 것은 아버지 안태훈이었다. 황해도 안악 지방의 명문 양반 가문 장남으로 태어난 중근은 프랑스 선교사 빌렘 신부로부터 세례를 받고부터 적극적으로 그를 도와 전교활동에 전념한 호교론자였다. 당시 황해도 지방을 다니며 행했던 그의 전교연설에서는 확고한 신앙적 의지를 엿볼 수가 있다.

“만일 어떤 사람이 혼자 맛있는 음식을 먹고 그것을 가족에게 나눠주지 않거나, 또 혼자만의 용한 재주를 간직하고서 이웃에게 가르쳐 주지 않는다면 과연 그게 동포의 정리라 할 수 있겠소? 그 음식은 한 번 먹으면 장생불사하는 것이요, 또 그 재주는 한번 통하기만 하면 하늘로 날아갈 수 있소."

"만일 어떤 사람이 하느님을 보지 못했다고 해서 믿지 못한다면, 그것은 마치 유복자가 아버지를 보지 못했다고 해서 자신의 아버지가 있음을 믿지 않는 것과 같소. 또 소경이 하늘의 해를 못 보았다고 해서 하늘의 해가 없는 것이겠소? 화려한 집을 보고서도 그 집을 짓는 걸 보지 못했다고 해서 그 집을 지은 목수가 있다는 것을 믿지 않는다면 어찌 웃음거리가 되지 않겠소."

그의 교리 이론은 정하상의 상재상서上宰相書에 근거한 것이지만 무반의 근거를 지닌 투철한 신앙인이었음을 알 수가 있다.

그의 하얼빈거사 백 년을 넘긴 올해, 남산에 안중근기념관이 새로 완공돼 문을 열었다. 이전의 협소했던 공간을 헐어 첨단설비로 개관된 기념관이 위국헌신의 삶을 되새기는데 손색이 없기를 바라는 국민적 염원도 함께 실렸을 것이다. "대한독립의 소리가 천국에 들려오면 나는 마땅히 춤추며 만세를 부를 것이다." 순국 직전 두 아우에게 남긴 마지막 유언처럼 차가운 감옥에서 숨진 그의 영혼이나마 하루빨리 고국으로 돌아오기를 비는 마음 간절하다. 새벽마다 드리는 내 기도가 하늘에 닿을 수 있다면.

자화상

수도원의 겨울 오후는 참 고요하다. 볼에 스미는 차가운 바람만이 인사를 건넬 뿐 누구의 흔적도 없이 홀로 엎드린 적막이 손을 내민다. 가방을 들고 오르던 비스듬한 계단에서 잠시 숨을 고른다. 무연하게 뒤돌아보고 서서 헐벗은 채 서 있는 겨울 나무들을 바라본다. 숲에는 오래된 나무들의 정령이 있다.

연피정이 핑계였을까. 수도원으로 나를 부른 이는 누구일까. 감실 안의 그분은 아무런 말이 없다. 소명감이었는지도 모른다. 에너지가 가장 왕성했던 사십대부터 육십대까지의 정열을 한 수도회를 위해 헌신할 수 있었음은 감사한 일이다. 예수고난회 수도회가 없는 부산에 뿌려진 한 알의 씨앗, 이십일 년의 세월이 흐르는 동안 정기적인 후원회(부산은인모임)가 정착되고 재속회인 '동반자회' 도 생겨나게 됐다.

누가 하라고 등 떠밀어 한 일은 아니었다. 소득을 위한 일은 더욱 아니었건만 언제나 그 일의 가치는 일순위에 놓여 있었다. 그리스도 신비체의 의미를 새길 때 교회 안의 보이지 않는 일들이 묘하게 움직이고 있음을 알 수가 있다. 모두가 가난한 이만 돌본다면 감옥에 있는 이는 누가 위로할까. 모두의 정성이 장애인에게만 쏠린다면 수도회를 위한 일은 누가 할 것인가. 제각각 머리와 심장과 팔이 되어 한 지체를 이룰 때 그분을 위한 교회의 일이 유지되고 영위된다.

"기쁜 소식을 전하는 이들의 발이 얼마나 아름다운가." 성서구절은 성경 속에서만 존재하는 문자가 아니라 살아있는 기운이요 신념이기도 했다. 어떤 일에 기쁨 없이 오랜 세월 맹목으로 매달린다는 일은 불가능한 일이요 모래성을 쌓는 일이다. 수도회를 위한 일은 기쁨과 보람을 넘어선 가치요 의무감이었다. 애초에 누가 준 일이 없는 의무, 시원을 따지자면 알 수 없는 일이었지만.

이제 그 일을 수도원에 맡겨 드리고자 한다. 마치도 소중한 어떤 것을 맡아서 오래도록 관리하고 있다가 친정집에 되돌리는 듯한 심경으로. 스스로 내 안에서의 올곧은 식별을 주신 그분의 전능하심으로 인해 내 영혼은 과연 얼마나 자유로워지게 되는 걸까. 그동안 벗어나고픈 마음인들 왜 없었으랴만 늘 그때가 이르지 않았었다. 주님은 능하신 분. 맡길 때가 있으면 거두어 갈 때가 있는 법, 수십 년 하던 일에서 놓여난다는 해방감은 오랫동안 마음의 부추김이었고 한 개인의 능력의 한계는 여기까지였다.

세상은 수도원을 위해 존재하고, 수도원은 세상을 위해 존재하는가. 세상의 정화를 위해 중재하는 수도원의 역할과 수도원의 맑음으로 헹궈지는 세상과의 상관관계는 창과 방패의 역할과도 같을 것이다. 세상사에서 잊고 살았던 고요와 침묵의 소리는 오늘처럼 성체 등 앞에서 홀로 정좌할 때 명징한 내면의 울림으로 전해져온다. 사람아, 너는 어디를 향해 가고 있는가.

수도사들의 검은 옷자락만 보이는 금녀의 집. 수도원에 '손님방'이 있음은 오늘 처음 알았다. 그동안 오랜 세월 '명상의집' 을 오갔지만 주로 피정 집에 머물렀기에 이리도 고요한 수도원 내부에서 묵어간 적은 없었기 때문이다. 어머니의 소중한 아들들, 그들은 집을 떠나와 발소리도 조용하게 오늘도 수도원의 복도를 걸어간다. 지상에서 천상의 신을 섬기는 그 정결한 헌신에 타의의 선택은 전혀 없는 것이다. 성무일도 저녁기도 후 정갈한 밥상이 차려졌다. 무장아찌, 고구마줄기졸임, 김치와 김에 담백한 무국이 전부다. 우렁각시처럼 사람은 보이지 않고 맛깔스런 식탁만이 기다리고 있다. 산사의 고적한 풍경처럼 가끔씩 창문을 두드리는 바람소리와 함께 수저를 들고는 커피도 마신다. 수도원의 저녁이 그렇게 저물어간다.

관구장 신부님과 함께하는 면담시간, 깨알같이 남겨진 그간의 기록들은 50년사를 준비하는 수도원의 고귀한 자료가 되었다. 부탁하신 사진도 함께 전달됐다.

"고맙습니다."

"미안합니다."

"부끄럽습니다."

모국어로 할 수 있는 말 가운데 이 세 마디 말이 그 시간 수도원의 입장을 대변하고 있었다. 무거운 짐 내려놓은 후의 솜털 같은 가벼움. 다만 그분의 도구로 써 주심에 대한 깊은 감사의 마음이 함께했다. 가치관의 일순위가 조금은 가벼운 무게로 턴 하던 날의 풍경이었다.

잠이 있어 꿈이 있고 꿈이 있어 잠 또한 있을 것이다. 수도원에서의 하룻밤, 한쪽 신발을 잃어버린 꿈을 꾸다가 새벽잠에서 깨어났다. 졸졸 개울물을 따라 자꾸만 흘러내려가는 한쪽 신발을 주으려다 그만 놓치고선 돌아서보니 또 다른 낯선 신발 한 켤레가 나란히 놓여 있었다. 신어보니 그 신발 또한 의외로 편안했다. 오랜 세월 쥐고 있던 일을 나는 한쪽 신발처럼 의지하고 있었던 걸까. 의식의 밑바닥에서 신발은 존재 의미 자체였고 세월은 강물이었다.

누구나 항상 다른 신발을 신을 수가 있다. 새로 신은 신발이 이전의 신발보다 더 잘 맞을 수도 있다는 걸 나는 꿈에서 보았다. 남은 생애의 노정은 어깨에 헐렁한 걸망 하나 짊어지고 꿈에서 본 샌들처럼 가볍고 편안한 신발로 시간의 길 위를 걸어가리라.

일이 있어 행복했던 시절, 주님이 세우신 당신 수도회 덕분이었습니다.

녹색 순교

편하게 면바지에 운동화를 신는다. 혹여 신발에 흙이라도 묻었나 닦아내면서 평소에 무심하던 셔츠의 위 단추도 여민다. 구월의 마지막 햇살은 아직도 등허리를 따끈하게 데운다. 오륜대 순교자박물관, 빈 성전에서 조배하고는 혼자서 박물관 바닥에 퍼질어 앉아도 보며 구애함이 없는 순례를 하고 싶었다. 신앙의 역사가 밴 고졸한 공간에서 한가하게 마음속 대화도 나누려면 여럿보다는 혼자가 좋을 것 같아서였다.

모를 일이다. 순교자의 혼이 부른 것일까. 이 가을 왜 굳이 혼자서 오고 싶었을까. 그런데 와서 보니 혼자가 아니다. 순례단의 왁자한 무리에 섞여 한국교회 순교사화를 듣게 된다. 마치 하늘에서 순교자들이 녹음테이프를 풀어주듯이. 이승훈이 북경에서 세례를 받고 와서 사돈 팔촌까지 전파하게 되고 가성직제도, 명례방 집회의 을사추조적발사건 등 초기교회의 자생적인 뿌리내림이 전개된다. 양반사회였던 당시의 노비해방, 남녀평등, 하느님 경이, 그것이 전교의 핵심이 되었으니 그 힘이 바로 숱한 고초를 감내한 순교의 기적이었다.

박해 시절 수많은 순교자를 낸 충청도 내포 지방의 가장 심한 욕은 '천작(천주학)하다 죽을 놈' 이었단다. 얼마나 험하게 돌아가셨으면…. 물신이 하느님보다 더 높이 올라가 있는 이 시대에 나는 신앙을 위해 목숨을 내어놓기는커녕 그분 중심으로 살고 있는가. 생각하면 할수록 부끄러운 일이 아닐 수 없다.

옛날엔 묵주도 귀해서 한알 한알 떼어서 저고리 앞섶에 달고 그것을 만지며 기도했다 한다. 성물은 하느님과 나를 연결시키는 도구일진대 오늘날 그 도구는 개인의 안전을 비는 자동차 핸들 옆에 달랑달랑 매달려 흔들리고 있다. 감사의 마음 또한 자꾸 외부로만 돌린다. 모든 것을 내 안에서 찾으면 걷고, 보고, 생각하고, 무엇보다 살아있음 자체가 은총이 아닐 수가 없다.

기도하지 않을 때 내 영혼은 타는 메마름이다. 기도하는 영혼은 푸른 산이다. 순교사화를 전하는 수녀님의 열변은 계속된다. "내면생활에 충실한 이는 그 얼굴에서 빛이 난다. 보톡스로 피부를 탱탱하게 당겨도 옆에 가고 싶지 않은 사람이 돼서야 될 말이던가. 세상적인 것은 사라지고 말지만 하느님의 나라는 영원하다. 육신의 옷은 잠시 그분께서 빌려 쓰고 '잘 썼습니다.' 하고 반납하고 가는 것이다."

신앙 위해 목숨을 바친 피의 증거가 적색순교라면, 모범적인 땀의 증거가 백색순교요, 칼 앞에 목숨을 내놓지 않아도 되는 오늘날의 증거는 희생 · 이해 · 인내 · 관용 등의 녹색순교라 했다. 그러나 우리는 하느님과 불륜 관계인가. 왜 드러내기를 저어하는지 식당에서는 남 앞에서 성호도 잘 긋지 않는다. 어려운 여건 속에서도 참아 받으며 오로지 한 분이신 그분께 의탁하고 새벽미사를 빠지지 않는 열심한 이들의 경건한 신앙생활은 그 자체가 바로 전교의 본보기요 현대의 순교일 것이다.

박물관 안에는 오래된 역사의 내음이 있다. 수많은 형구와 형틀들이 박해의 흔적이 되어 생명을 앗아가는 도구로 남았다. 명령 한마디에 대령했던 처참한 목숨 앞에 침 뱉어 번쩍이던 망나니의 어지러운 칼날들…. 행형도자, 금군월도란 이름으로 유리 진열관 안에서 도열했다. 저 무딘 칼날이 사람의 목을 베던 흉기인가. 머리를 찍으면서 문초하던 갈고랑쇠의 태형, 살을 지지던 인두에서 혹독한 고문에도 굴하지 않았던 순교자들의 혼을 더듬어본다. 한낱 드라마의 소품으로 전락했을 뿐 오늘날 저것들을 어디에 쓸 것인가.

순교자 윤봉문이 남긴 말은 검은 액자 속에서 살아 숨 쉰다. "부모처자 다 변해도 우리 천주 믿는 마음 변치 말자." 감영으로 끌려가기에 앞서 손가락을 물어 흐르는 피로 방안 벽에 쓴 글이라는 설명이

붙어 있다. 말은 혼에서 나오고 그 영혼이야말로 한 인간을 지배하는 주춧돌이다. 서슬 퍼런 박해시대 신앙선조들의 순교정신 앞에서 고개 숙이지 않을 수가 없다.

안중근(도마)의 장렬한 의거에 대한 항변 또한 최후의 유언으로 보존되고 있다. 그의 장렬한 의거 100주년을 맞은 올해에 더욱 생생히 들려오는 음성이다.

"내가 이등박문을 죽인 것은 한국 독립의 한 부분이요, 또 내가 일본 법정에 서게 된 것은 전쟁에 패배하여 포로가 된 때문이다. 나는 개인 자격으로 이 일을 행한 것이 아니요, 한국 의군참모총장의 자격으로 조국의 독립과 동양 평화를 위해 행한 것이니 만국공법에 의하여 처리하도록 하라."

황해도 해주에서 손꼽히는 대부호 집안의 맏아들로 태어난 중근은 붉은 옷을 입고 동학 토벌군 선봉장으로 활약해 동학군을 두려움에 떨게 했으니 당시 사람들은 그를 두고 '15세의 홍의장군'이라 불렀다. 후일 연해주에서 무장투쟁에 나섰으니 하얼빈 역에서의 이등박문을 처단함은 무사로서의 여러 의병운동과 무관하지 않을 것이다.

그의 남자다운 기개와 호국 단심은 역사에 남았거니와 영혼 깊숙이 각인된 뿌리 깊은 신앙심 또한 오래된 나무처럼 흔들림이 없었다. 당시 전교에도 열성을 쏟았던 그가 황해도 안악 지방을 다니며 한 전교 연설의 일부분은 오늘날에도 선교의 교과서라 할 수 있다.

3층 대희년 전시실에는 당시의 생활용구가 전시돼 있다. 놋쇠 국자와 놋 제기 등은 수백 년 세월의 무게를 안고 파르스름한 녹을 얹었다. 토기향로와 굽다리 잔 사이로 투박한 단소 한 자루가 눈길을 끈다. 하느님을 공경한 죄로 생목숨을 끊어야 했던 한을 저 피리 소리에 쏟아냈을까. 구슬픈 천주공경가의 넋이 처연한 가락으로 흘러내린다.

순교자 성월인 구월, 박물관 앞뜰에 부는 바람결에도 순교자들의 넋이 배어있었다.

성모순례지 감곡

접동새 울음소리가 오월 창공에 퍼지고 있었다. 흰 꽃잎이 눈송이처럼 흘러내리는 동산에서 사람들은 묵주기도의 띠를 이루었다. 점선처럼 이어가고 있는 침묵의 기도행렬, 그것은 마치 천상으로 향하는 계단의 시작과도 같았다. 욕망을 벗어나 마음속 은총의 수로를 따라가는 길. 충청도 두메산골 고요가 저마다의 가슴에 평화를 심어주고 있었다. 115년 전에 프랑스 신부가 일군 벽촌의 신앙터에서 첫 토요일 신신미사가 있던 날이었다.

감곡매괴성모순례지는 '임가밀로' 라는 선교사를 통해 처음부터 성모께서 친히 잡으신 터였다. 가밀로 신부의 고향은 프랑스 루르드였다. 어릴 때부터 늘 어머니 손을 잡고 루르드 성지를 다닌 그는 성모 신심이 돈독해 아홉 살 때 평생 성모님을 어머니로 모시게 해달라는 청원을 했다. 어느 날, 리지외의 갈멜수녀원을 찾았을 때 인형처럼 예쁜 '소화데레사' 수녀를 만나게 되고 그들은 영적 오누이가 되었다. 가밀로 신부가 사목하던 장호원성당과 소화데레사성녀의 특별한 관계가 있게 된 계기였다.

파리외방전교회 소속으로 1893년 서품을 받은 그는 바로 조선에 입국하여 이듬해 유서 깊은 교우촌, 신학당이 있던 여주 부엉골에 부임하게 된다. 그러나 사목지가 북쪽 끝에 위치해 있을 뿐 아니라 산지마을이어서 본당 이전을 생각했다. 어느 날, 말을 타고 장호원에 이르렀을 때, 산 밑에 대궐 같은 집을 보고는 이곳이 사목지로서 적합하다는 것을 직감하였다. 그는 즉시 어머니가 준 무염시태 '기적의 패'를 그 땅에 묻고는 이 땅을 주시면 매괴(로사리오) 성당을 짓겠다고 약속하고 부엉골로 돌아가 끊임없이 청원하였다.

당시 산중의 아흔아홉 칸 대궐 같은 집은 명성왕후의 육촌오빠인 민응식의 집이었고 임오군란 때 명성왕후가 피신 와 있던 곳이었다. 일 년 반이 지난 후, 을미사변이 일어나 기적적으로 모든 집터와 산을 헐값에 매입하게 된 가밀로 신부는 처음의 약속대로 매괴성모를 주보로 모신 성당을 짓게 되었다.

일제강점기 때 일본인들이 천주교 기를 누르기 위해 성모동산에 일본 신사神社를 짓기 시작했다. 임신부는 또 땅 밑에 기적 패를 묻고는 '이 공사를 중단하게 해주시면 이곳을 성모님께 바치겠습니다.' 하고는 순직한 믿음으로 밤낮없이 기도했다. 묘하게도 공사 중 바위가 굴러 인부가 죽거나 뇌성벽력이 치는 등, 여러 가지 기상이변과 천재지변으로 일본인들은 그 땅에 못 하나 치지 못한 채 해방이 되고 말았다. 이 모든 과정은 매괴박물관에 사진으로 잘 보관되어 있는데 그 터전이 지금의 성모동산이 되었다.

감곡성당(옛 장호원성당)의 기반을 마련한 가밀로 신부는 51년 사목생활 중 36년 동안을 혹독한 일제치하에서 보냈다. 네 번의 투옥생활에서 사형선고를 받고는 형 집행을 기다리던 때, 마지막 소원으로 본당 신자들과 미사를 하고 죽게 해달라고 청했다. 이윽고 일제 감시 하에 진행된 미사 도중에 성당 문이 벌컥 열리면서 동네 청년들이 뛰어들었다. "신부님, 해방이 됐습니다!" 죽음의 길에서 삶으로 돌아온 감격의 순간이었다.

매괴 성모상은 루르드에서 제작해 1930년 대성전 건립 당시 제대 중앙에 안치되었다. 한국전쟁 때 성당은 인민군사령부가 되었는데 그들이 회의 도중 도깨비불을 보는 등 여러 가지 이상한 일들이 생겨났다. 그 원인이 저 위에 높이 모신 성모상 때문이라 판단한 그들이 총을 쏘기 시작했다. 일곱 발의 총을 맞고도 부서지지 않자 이번엔 따발총으로 사격을 했으나 총알이 피해갔다. 화가 난 그들이 이번엔 끌어내리려고 올라가 망치로 얼굴을 내리치려는 찰나, 성모상에서 눈물이 비오듯 흘러내렸다. 인민군들은 더 이상 건드릴 수 없었고 그

때부터 성당에서 철수하였다.

성당 안에 숨어있던 삼십여 명 청년들은 한 사람도 붙잡혀가지 않고 지금은 팔십대가 되어 그 정경을 증언하고 있다. 육이오 전쟁이 끝난 후 일곱 발의 총을 맞고 인민군을 내쫓은 성모상은 '칠고의 어머니'로 불려 많은 이들이 외적 내적 치유를 받고 있다. 이 수많은 기적과 신비의 힘을 보면서 나는 일생을 갈멜수녀원에서 기도하는 삶을 마친 소화데레사 성녀의 애끓는 기도를 생각하지 않을 수 없었다.

조국 프랑스를 떠나와 척박한 조선 땅에서 성모순례지의 터전을 일군 가밀로 신부는 1947년 "성모여, 저를 구하소서."라는 마지막 말을 남기고 세상을 떠났다. 지금은 느티나무 밑에 동상으로 서 있는 가밀로 신부. 그가 평소에 신자들에게 자주 한 말도 함께 새겨졌다. "나는 여러분을 만나기 전부터 사랑했습니다." 사람과 사람 사이에 이보다 더 아름다운 말이 있을까.

감곡은 시도, 읍도 아닌 충청도 오지의 면 소재지에 불과하다. 그러나 뿌리 깊은 신앙의 터전은 백오십여 명의 성직자 수도자를 배출한 우리나라 최고의 성소 못자리가 되었다. 신앙의 핵심은 성체 안에 현존하는 예수님이며, 성체성사가 신앙생활의 중심이라 여긴 가밀로 신부는 지방에서 최초로 성체거동행렬을 거행했으니 이 신심행사는 백 년이 가까운 지금까지도 계속되고 있다.

오월 훈풍에 흩날리는 조팝나무 흰 꽃이 하늘 멀리 퍼져나간다. 성모동산 아득한 계단 위 눈처럼 흰옷을 입고 두 팔을 벌린 성모의 전구하심은 천상에 맞닿아 있을까. 소박한 기원들을 담아 오월 첫날을 당신께 바치는 자녀들의 희디흰 마음들은 꽃 되고 바람 되고 구름이 된다. 숨어서도 빛나는 고운 별, 그 신성 안에 인성마저 감춘 듯 멀찍이 바라보는 마음은 신비의 적막감에 휩싸인다.

성전 바닥은 복도까지 꽉 찬 신자들로 발 디딜 틈이 없다. 성모성월의 찬미는 그대로 간절한 기도가 된다. 길고 긴 영성체 줄에 서 있으면서도 시선은 줄곧 제대 위 성모상에 머무른다. 묵주기도로 시작된 집회가 미사와 성체거동, 안수기도로 이어져 자정으로 가고 있다. 주먹으로 박자를 맞추며 성령송가를 힘차게 선창하는 김웅렬 신부님의 카리스마가 강을 헤집어 바다에 다다른다.

성모께서 손짓한 것일까. 누가 부른 것도 아닌데 스스로 찾아온 발걸음. 한 외국인 선교사를 통한 성모사랑의 역사가 살아 숨 쉬는 곳 감곡순례지는 이제 한국의 루르드가 되고 있었다.

김양희 수필집

마라 강과 가브 강

인 쇄 / 2011년 7월 25일
발 행 / 2011년 7월 30일

지은이 / 김 양 희
펴낸이 / 서 정 환
펴낸곳 / 수필과비평사

등 록 / 1984년 8월 17일 제28호
주 소 / 서울시 종로구 익선동 30-6
운현신화타워 빌딩 2층 208호
전 화 / (02) 3675-5633 (063) 275-4000
E-mail / essay321@hanmail.net

값 10,000원

ISBN 978-89-5925-882-6 03810

*저자와 협의하여 인지를 생략합니다.
*잘못된 책은 바꿔드립니다.